やさしく作れる本格和菓子

清 真知子

世界文化社

はじめに

清 真知子

数ある和菓子の本の中からこの一冊を手に取って下さり、ありがとうございます。

私が和菓子を作り始めたのは、茶道がきっかけでした。和菓子に心惹かれてその門に入り、単純な憧れから裏千家学園茶道専門学校に進みました。私の和菓子作りは学園生活の中で毎日目にし、口にしていた京都の和菓子を写す(真似る)ことに始まります。

本来茶の湯の楽しみは俗世を離れ、茶室という空間で亭主と客が時間を共有して一期一会の催しを楽しむことにあります。一服のお茶を召し上がっていただくことが茶会の目的ですが、お茶の前に簡単な食事(懐石)を差し上げ、その懐石の最後に主菓子をお出しします。亭主は茶会の趣向やお客様の好みに合わせて菓子を手作りしたり、菓子司と相談して特別に誂えてもらったりするのです。茶席のお菓子は季節感や情景を盛り込みつつ、亭主の心入れを伝える大切な役割を担っています。

私もそうしてお菓子を手作りするうちに、配合は全く同じでも色や形、大きさを変えたり、ちょっとしたアクセントを施したりするだけで、様々な季節を自在に表現できることに気が付き、その楽しさを覚えました。材料となる粉の種類の多さ、先人達の知恵や工夫に驚きながら試行錯誤を繰り返し、和菓子作りにはある種の法則や科学があることを感じました。手にする餡や生地の温もりや柔らかさが愛《いと》おしく、手の中に生まれてくる小さな芸術品のような和菓子を作り上げる喜びに、次第に取りつかれていったのです。

この本の中では茶席で出される主たる主菓子や干菓子などの基本の配合をご紹介し、その応用として色や形に、あるいは配合にもわずかの変化を持たせて四季折々の和菓子を表しました。元来、和菓子は習練された職人さんの勘やコツ、技術により作られるもので、その土地の気候風土や、その日の天候に合わせて微妙に配合を調整するものと思われます。ですから、ここで紹介した配合を用いても、はじめは上手くできないこともあるかと思いますが、この本をもとに、どうぞ繰り返し作ってみて下さい。きっとご自身のものになる時が来ると思います。私自身も一茶の湯者にて名店で修業を積んだわけではないのです。

ご紹介したお菓子は、いずれも茶の湯に学んだ五感で楽しむものばかりです。それは茶席の菓子に留まらず、和の菓子に通じる思いです。和菓子の和は「日本」の和であり「和む」の和でもあります。四季を感じ、日本人の豊かな心を大切に表現し、人々の心を和ませるのが、和菓子だと思います。日本が誇る和菓子の文化をご一緒に楽しんでいただければ何よりありがたく、嬉しく存じます。

このたび、たくさんの皆様方のお導き、お力添えによって念願の小著を出版させていただくことができました。末筆になりましたが、ご支援を賜りました皆様に心より厚く御礼を申し上げます。

やさしく作れる本格和菓子　目次

「こなし」の主菓子

「求肥」の主菓子

「きんとん」の主菓子

「錦玉羹」の主菓子

「薯蕷饅頭」の主菓子

「外郎」の主菓子

「練り切り」の主菓子

この本の使い方

◉本書では、家庭で作ることができ、茶席にも出すことができる和菓子のレシピを月別に紹介しています。

◉主菓子は生地別に「道明寺」「こなし」「求肥」「きんとん」「錦玉羹」「薯蕷饅頭」「外郎」「練り切り」「葛焼き」を取り上げています。それぞれ冒頭に代表的な菓子一点のレシピを「○○の基本」として、プロセス写真を数多く使い、詳しく解説しています。

◉それに続くページに、基本から派生した形違い、色違いなどのバリエーションのレシピを紹介しています。作り方は基本と違う部分のみ写真付きで解説しています。重複する部分については基本の作り方を参照ください。

◉半生菓子と干菓子は生地別に「洲浜」「雲平」「押し物」「琥珀糖」を取り上げ、代表的な菓子一点の詳細な作り方を写真付きで解説するとともに、そのバリエーションを紹介しています。

◉材料となる米粉などは、産地やメーカー、原料が収穫された年によって粒の大きさや状態などが異なります。また芋類も産地により水分量が異なります。

◉上白糖は必ずふるってから使います。

◉食紅は水で溶いてから少しずつ加え、色を見ながら徐々に濃くしていきます。一度濃くしてしまうと、薄い色には戻せません。

◉熱い生地などを素手で扱うときは、やけどに充分気をつけてください。

◉冷凍保存した餡や菓子などは自然解凍します。

◉水の分量は正確を期すため、ccではなく、gで表記しています。

◉計量の単位は、大さじ１が15cc、小さじ１が５ccです。

其ノ一

和菓子とこよみ

日本の四季の彩りを写した

和菓子の歳時記十二か月

日本には四季があり、季節が移ろうとともに、自然の風物や彩り、人々の暮らしの姿も移り変わります。その季節の折々に節目となる行事や風習があり、それらは日本人の心に深く根づき、これまで受け継がれてきました。

一年の代表的な行事に五節句があります。もともと中国から伝えられた風習とされ、人日、上巳、端午、七夕、重陽の五つの行事が行われる日を、江戸時代に幕府が祝日としたものです。また農耕などの作業の目安とするため、一年を二十四、約十五日に区切って名前をつけた二十四節気、さらにそれを三つ、約五日に区切った七十二候が考案されました。

和菓子の姿や色合いは、そうした日本の四季や気候、野に咲く花や山の嶺の木々の移ろい、日本人の暮らしや行事と密接に結びつき、作られています。和菓子、中でも茶の湯の菓子は、これらの風物を写実的というよりは、象徴的、抽象的に表現します。そしてその菓子に銘をつけることで、一つの小さな菓子から、ときに雄大な自然の景色を、ときに心に残る思い出の情景を、浮かび上がらせることを可能にするのです。

ここでは索引も兼ねて、五節句、二十四節気、さらに茶の湯の主な行事などを紹介しながら、本書に登場する和菓子をこよみ仕立てにして一月から十二月まで紹介します。

四季の和菓子を曲げ輪重に盛り込んで。
写真上の重は春夏の主菓子で、
奥から吉野山、花見団子、青梅。
下の重は秋冬の主菓子で、
右上から時計回りに
公孫樹、寒椿、嵯峨野、唐錦。

一月

花びら餅　三八ページ

元日《がんじつ》

年の最初の日。歳神様をお迎えするため門松を飾り、鏡餅を供え、おせち料理やお雑煮をいただく。三日までを「三が日」、七日までを「松の内」と呼ぶ。

常盤木　四四ページ

椿餅　二八ページ

小寒《しょうかん》

一月五日頃。寒さが日々厳しくなる。この日から寒中見舞いを出し始める。「寒の入り」ともいわれ、この日から立春の前日までの期間を「寒の内」という。

人日《じんじつ》

一月七日。五節句の一つ。春の七草（芹、薺、御形、繁縷、仏の座、菘、蘿蔔）を刻んで入れた七草粥を食べ、一年を無病息災に過ごせるよう願う。

えくぼ薯蕷　六〇ページ

寒椿　七〇ページ

初釜《はつがま》

新年の最初に行うお茶会。お世話になっている方々、また社中の稽古仲間が集まり、濃茶、薄茶、懐石料理などをいただき、新年を祝う。

大寒《だいかん》

一月二十日頃。寒さが一年のうちでもっとも厳しくなる。寒の中日であり、武道ではこの時期に寒稽古が行われる。

二月

うぐいす餅　四〇ページ

節分《せつぶん》

立春の前日。この日の夕方に、鬼に向けて豆をまいたり、鰯の頭を柊の枝に刺して家の入り口に差したりして、邪気を払う。

立春《りっしゅん》

二月四日頃。暦の上ではこの日から立夏の前日までが春とされる。立春から春分の間に初めて吹く南寄りの強い風を春一番と呼ぶ。

梅が枝　四四ページ

東風　六〇ページ

雨水《うすい》

二月十九日頃。雪に代わって雨が降るようになり、雪や氷が溶け始めて水になる。農耕の準備を始める目安の日とされる。

香梅　七〇ページ

三月

引千切　三五ページ

上巳《じょうし》

三月三日。五節句の一つ。平安時代の人形遊びが起源とされ、雛人形、桃の花を飾り、菱餅を供えて、女の子の健康と幸せを願う。

啓蟄《けいちつ》

三月五日頃。啓は「ひらく」、蟄は「冬眠する」の意。大地が温まり、冬眠をしていた虫たちが地上へ這い出てくるとされる。

菜種きんとん　四二ページ

洲浜団子　八六ページ

春分《しゅんぶん》

三月二十日頃。この日をはさんで前後七日間が春の彼岸。先祖を供養するため、ぼた餅を供える。この日を境に夜より昼の時間が長くなる。

利休忌《りきゅうき》

三月末、茶祖・千利休の命日に社中などが一堂に集まり、利休の画像などを床に掛けて一同で薄茶をいただき、その遺徳をしのぶ。

四月

桜餅　二六ページ

清明《せいめい》

四月四日頃。清浄明潔の略とされる。万物が清々しく、明るく美しい時期。さまざまな花が咲き乱れ、花見のシーズン到来となる。

花見団子　三四ページ

穀雨《こくう》

四月二十日頃。田畑の準備が整い、あらゆる穀物を潤し、その生長を助ける雨が降るとされる。穀雨の終わり頃に八十八夜がある。

吉野山　四五ページ

ゆく春　七四ページ

五月

薫風　四五ページ

端午《たんご》

五月五日。五節句の一つ。邪気を払う菖蒲(＝尚武)から男の子の節句とされ、人形を飾り、鯉のぼりを立て、ちまきや柏餅を食べて男子の成長を願う。

立夏《りっか》

五月五日頃。暦の上ではこの日から立秋の前日までが夏とされる。山々に緑が目立ち始め、夏の気配が感じられる。

木の芽薯蕷　六一ページ

唐衣　六四ページ

初風炉《しょぶろ》

立夏の頃、炉をふさぎ、風炉でその年初めて行う茶事や茶会のこと。道具組みも初夏らしいものとなる。五月いっぱいは初風炉の季節とされる。

小満《しょうまん》

五月二十一日頃。万物が次第に成長して、天地に満ち溢れる。暑さが次第に加わり、麦畑が黄緑に色付き始め、田植えの準備を始める。

五月雨　七四ページ

六月

紫陽花　四六ページ

芒種《ぼうしゅ》

六月五日頃。稲など、芒(穀物の先にある針状の突起)のある植物の種をまく時期(実際はもっと早い)。西日本では梅雨入りするところも出る。

青楓　五七ページ

夏至《げし》

六月二十一日頃。北半球では一年で一番昼が長い日となり、この日を境に次第に昼の時間が短くなる。

青梅　六八ページ

夏越の祓え《なごしのはらえ》

六月三十日。体にたまった穢れを払うため、「茅の輪くぐり」をし、氷室をかたどって小豆を散らした菓子、水無月を食べる。

葛焼き　七二ページ

水ぼたん　八〇ページ

七月

天の川　四六ページ

七夕《たなばた》

七月七日。五節句の一つ。織姫と彦星が天の川をはさんで年に一度だけ会えるとされる。短冊や色紙に願い事を書き、笹の葉につけて星に祈る。

小暑《しょうしょ》

七月七日頃。梅雨明けが間近になり、暑さが本格的になる。小暑または大暑から立秋の前日までが暑中で、暑中見舞いはこの期間に送る。

さざ波　五四ページ

石竹　五七ページ

大暑《たいしょ》

七月二十三日頃。ほとんどの地域で梅雨が明け、快晴が続いて気温が上がり続ける。夏の土用は大暑の数日前から始まる。

わらび餅　八二ページ

蓮根餅　八四ページ

八月

立秋《りっしゅう》
八月七日頃。暦の上ではこの日から立冬の前日までが秋とされる。暑さが頂点となる。翌日からの暑さを残暑といい、以降は残暑見舞いを送る。

夕さり 四七ページ

琥珀羹 五七ページ

お盆《おぼん》
旧暦七月十三〜十五日（地方により新暦七月）。祖先の霊を供養するため、種々の供物を供え、迎え火、送り火を焚き、墓参りなどをする。

清流 九二ページ

処暑《しょしょ》
八月二十三日頃。暑さが峠を越え、朝夕には涼しさが少しずつ感じられるようになる。台風が襲来することが多いとされる。

九月

月の兎 三〇ページ

萩の餅 二九ページ

白露《はくろ》
九月七日頃。大気が次第に冷え、秋の気配が深まり、草花に朝露が宿ることが多くなる。野にはすすきの穂が見え始める。

着せ綿 三五ページ

栗餅 三六ページ

十月

重陽《ちょうよう》

九月九日。五節句の一つ。菊の節句とも呼ばれる。前日夜、菊の花に真綿をかぶせて香りと夜露を移し取り、翌朝その綿で体を拭うと不老長寿が得られるとされる。

萩の露　四七ページ

桔梗餅　六五ページ

月見《つきみ》

旧暦の八月十五日。芋名月と呼ばれ、収穫に感謝してすすきを飾り、団子、里芋などを供える。旧暦の九月十三日は栗名月、豆名月と呼ばれる。

秋分《しゅうぶん》

九月二十三日頃。この日をはさんで前後七日間が秋の彼岸。先祖を供養するため、萩の餅を供える。この日を境に昼より夜の時間が長くなる。

嵯峨野　七五ページ

光琳菊　三一ページ

寒露《かんろ》

十月八日頃。朝露が冷気によって凍りそうになり、秋が深まる。農作物の収穫がたけなわとなり、雁などの渡り鳥が飛来する。

山みち　三二ページ

唐錦　四八ページ

霜降《そうこう》

十月二十三日頃。朝夕の気温が下がり、冷気によって露が霜となる。蔦や紅葉が紅葉し始める。この日から立冬までに吹く風を木枯らしと呼ぶ。

公孫樹　六六ページ

けしの実餅　六七ページ

十一月

亥の子餅　四一ページ

炉開き《ろびらき》

風炉の使用をやめ、炉を使い始めること。初夏に摘んで茶壺に寝かせていた新茶を使うことから「茶人の正月」とも呼ばれる。亥の子餅を食べるのが習い。

初霜　四八ページ

織部薯蕷　五八ページ

立冬《りっとう》

十一月七日頃。暦の上ではこの日から立春の前日までが冬とされる。朝夕の冷え込みが厳しく、日中の陽射しも弱まり、冬が間近に迫っていることを感じさせる。

錦秋　七一ページ

吹き寄せ　八八ページ

小雪《しょうせつ》

十一月二十二日頃。北国から雪の便りが届き、いよいよ雪が降り始める。陽射しは弱まり、紅葉は盛りを過ぎ、散り始める。

十二月

雪餅　四八ページ

大雪《たいせつ》

十二月七日頃。山の頂は雪に覆われ、平地でも雪が降り始める。鰤など冬の魚の漁が盛んになり、南天の実が赤く色づく。

すす払い《すすはらい》

古くは十二月十三日に、お正月の歳神様を迎えるために一年の汚れを落とし、また「事始め」として門松の準備などを行った。

木枯らし　六一ページ

花椿　六二ページ

冬至《とうじ》

十二月二十一日頃。北半球では一年で一番昼が短い日となり、この日を境に次第に夜の時間が短くなる。柚子湯に入り、小豆粥を食べる。

冬籠り　七五ページ

氷雨　九〇ページ

其ノ二

基本の餡を作る

粒餡

小豆の粒の形を残して仕上げる粒餡は、餡の基本となるものです。
こし餡よりも作り方が簡単で、家庭でも作りやすい餡です。
豆の形を残すので、皮が薄くて大粒の大納言小豆を使うのがおすすめです。

（準備）
小豆は虫食いや変色があるものを取り除き、きれいに洗う。

（材料）上がり目方　1000〜1200g
大納言小豆……500g
上白糖 または グラニュー糖……550g

1 鍋に小豆とたっぷりの水を入れ、強火にかけて沸かす。

2 豆にシワが入る程度に煮たら水を差して、急激に煮汁の温度を下げる。豆が十分に膨らむまで、アクを除きながら中火で4～5分煮立てる。
ポイント▶この差し水のことを「びっくり水」という。水を差すことで、小豆の煮上がりが早くなる。

3 ザルにあけて水洗いする(＝渋切り)。
ポイント▶小豆に含まれるタンニンや渋みが苦みの原因となるため、渋切りをして、餡の風味が悪くなるのを防ぐ。

4 鍋に**3**とたっぷりの水を入れて再び強火にかける。沸いたら弱火にして、皮が破れないようコトコト炊く。この間、煮汁が常に豆の上まであるように、途中で差し水をする。

5 小豆が指で簡単につぶれるくらいまで、柔らかく煮上げる。

6 **5**をザルにあけてから水を張ったボウルに移し、2、3回水を取り換えながら晒す。

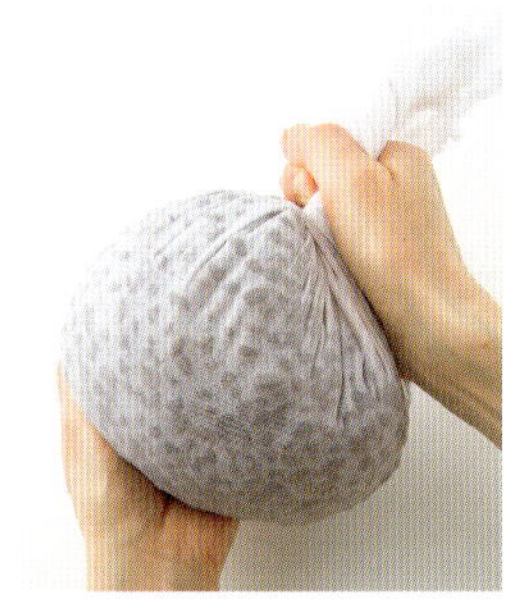

7 上水を捨てて袋状にした晒し布巾にあげ、豆をつぶさないよう、軽く絞る。

8 鍋に水約1カップと砂糖を入れて火にかけ、沸いたら**7**を加えて軽く混ぜる。

9 沸騰後、アクが出たら取り除き、火を止めて半日から一晩おいて、甘みを染みこませる。

10 再び強火にかけてアクを取り除き、豆の形を残すように注意しながら、ときどきかき混ぜる。ヘラからぽってりとした塊で落ちるようになったら炊き上がり。

11 バットに小分けにして移し、固く絞った濡れ布巾をかぶせて冷ます。

(保存法と日持ち)

ラップに密着させて空気を入れない状態で餡を包み、においがうつらないよう密閉できる袋に入れて保存する。冷蔵で3～4日、冷凍なら長期保存が可能。

こし餡

小豆を漉し、皮を取り除いた餡です。小豆で作る餡は色が染められないので、中餡に使うのが主となります。この本で中餡として多く使っている餡で、滑らかな口当たりと上品な味わいが特徴です。

（準備）

小豆は虫食いや変色があるものを取り除き、きれいに洗う。粒餡(p.19 **1**〜**5**)に倣い、豆を煮上げる。皮の破れは気にしない。

（材料）上がり目方　900〜1000g

小豆……500g

上白糖 または グラニュー糖……450g

1 豆をマッシャーなどであらかたつぶす。

2 ボウルで受けたザルに 1 を少しずつ移し、おたまの背でつぶしながら豆の中身を漉し出す。水をかけながらおこなうと作業しやすい。

3 ボウルにたまった水が溢れないように注意しながら、お米を研ぐ要領でしっかりと漉し出し、豆の皮をきつく絞って取り除く。

4 ボウルに馬毛の漉し器を重ね、**3** の漉し汁を注いで、さらに細かな皮を取り除く。

5 漉し汁が沈殿したら上水を捨て、再び水を注いで沈殿するのを待ち、上水を捨てる。上水が半透明になるまで繰り返す。

6 上水を捨てながら、袋状にした晒し布巾に受ける。

7 しっかり水気を絞る。裏返しにしたバットに傾斜をつけ、体重をかけて押し絞る。

8 鍋に **7** の半量と砂糖を入れ、焦がさないよう気をつけながら強火にかける。砂糖が溶けて、ツヤが出てきたら残りの **7** を加えて、常にかき混ぜながら強火で炊き上げる。
ポイント▶火が弱いとポロポロの餡になるので、強火で粘りを出す。

9 水分があらかた飛んで、餡を落としたときにボテッと山のようになる固さになったら炊き上がり。

10 火を止めて餡を鍋の内側に貼り付け、粗熱をとる。

11 バットに小分けにして移し、固く絞った濡れ布巾をかけて冷ます。

（保存法と日持ち）

ラップに密着させて空気を入れない状態で餡を包み、においがうつらないよう密閉できる袋に入れて保存する。冷蔵で３～４日、冷凍なら長期保存が可能。

白餡

手芒豆や白いんげん豆、白小豆で作る、和菓子には欠かせない餡です。
中餡として使われるほか、色を染めてきんとんやこなし、
練り切りなど、数多くの主菓子に使われます。

（ 準備 ）
豆は虫食いや変色があるものを取り除き、きれいに洗う。たっぷりの水に浸して一晩おく。

（ 材料 ）上がり目方　900〜1000g
手芒豆 または 白いんげん豆……500g
上白糖 または グラニュー糖……450g

1　一晩おくと豆が２倍くらいに膨らむ。鍋に豆とたっぷりの新しい水を加え、強火にかけて沸かす。粒餡（p.19 **1**～**5**）に倣い、豆を煮上げる。豆をマッシャーなどであらかたつぶす。

2　**1**をボウルで受けたザルに適量移し、おたまの背でつぶしながら漉し出す。こし餡（p.21 **2**～**4**）に倣い、しっかり豆を漉す。

3　漉し汁が沈殿したら上水を捨てる。たっぷりの水を注いで全体を混ぜ、泡を取り除いて再び沈殿するのを待ち、上水を捨てる。上水が半透明になるまで繰り返す。

4　上水を捨てて袋状にした晒し布巾に受ける。

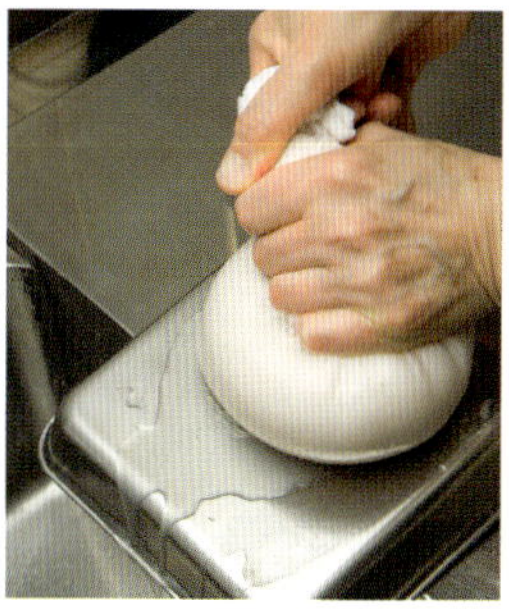

5　しっかり水気を絞る。裏返しにしたバットに傾斜をつけ、体重をかけて押し絞る。

6　鍋に**5**の半量と砂糖を入れ、焦がさないよう気をつけながら強火にかける。
ポイント▶火が弱いとポロポロの餡になるので、強火で粘りを出す。

7　砂糖が溶けて、ツヤが出てきたら残りの**5**を加えて、常にかき混ぜながら強火で炊き上げる。餡を落としたときにボテッと山のようになる固さになったら炊き上がり。

8　火を止めて餡を鍋の内側に貼り付け、粗熱をとる。

（保存法と日持ち）

ラップに密着させて空気を入れない状態で餡を包み、においがうつらないよう密閉できる袋に入れて保存する。冷蔵で３～４日、冷凍なら長期保存が可能。

9　バットに小分けにして移し、固く絞った濡れ布巾をかけて冷ます。

黄身餡

白餡に卵の黄身を練りこんだ餡。生の黄身を加えると風味が豊かで、自然な色に仕上がります。きんとんや練り切りの餡によく合います。

(材料) 上がり目方　320g前後
白餡……300g
卵黄……３個

(準備)

卵黄２個を１個ずつラップに包んで輪ゴムで口を縛る(浮かないよう、空気を入れずに)。１個は生のまま使う。

1 鍋に湯を沸かし、ラップに包んだ卵黄を入れて固茹で卵を作る。

2 **1**が茹で上がったら薄皮をむき、熱いうちに裏漉しする。

3 鍋に白餡、**2**の黄身を入れてムラなく混ぜ、弱火にかけて練る。

4 餡が温かくなったら残りの卵黄(生)を加えて、さらに焦がさないように練る。

5 生の卵黄に火が通り、炊き上がったらバットに小分けにして粗熱をとり、乾燥しないうちにラップに包む。

(保存法と日持ち)

ラップに密着させて空気を入れない状態で餡を包み、においがうつらないよう密閉できる袋に入れて保存する。冷蔵の場合は当日中、冷凍なら長期保存が可能。

山の芋餡

山の芋で作る餡は、白餡よりも真っ白で、口どけがいいのが特徴です。単独で使うと乾燥しやすいので、白餡と混ぜて使います。

(材料) 上がり目方　250g前後
山の芋(生の状態・皮付き)……300g
＊蒸して裏漉ししたものを
200g用意する
上白糖……60g

(準備)

山の芋の皮をむく。この際、黒っぽく変色するようであれば、しばらく酢水に晒す。

1 山の芋を５㎜～１㎝幅の厚さに切り、蒸し器にじかに置いて強火で蒸す。スッと串が通るほどの柔らかさになったら、熱いうちに１枚ずつ丁寧に裏漉しする。

2 **1**が熱いうちに上白糖とともに鍋に入れ、混ぜ合わせる。弱火にかけて練る。

3 なめらかでしっとりした状態になったら炊き上がり。熱いうちにラップに包み、粗熱がとれたら冷蔵庫で一晩寝かせる。
ポイント▶柔らかく、扱いにくい餡を、一晩寝かせることで締める。

(保存法と日持ち)

ラップに密着させて空気を入れない状態で餡を包み、においがうつらないよう密閉できる袋に入れて保存する。白餡と混ぜ、食紅などで染めてから保存してもよい。冷蔵で２～３日、冷凍なら長期保存が可能。

其ノ三

主菓子のレシピ

「道明寺《どうみょうじ》」の主菓子

糒《ほしいい》(米を蒸して乾燥させたもの)を蒸らして作る餅菓子です。ここではひときわ舌触りのよい頭《かしら》道明寺粉を使っています。頭道明寺粉は道明寺粉のなかでもっとも粒が小さいので、蒸す手間がかかりません。手に入らない場合は、なるべく粒子の細かいものを蒸して使います。

頭道明寺の 基本

桜餅

さくらもち——四月

関東で桜餅といえば小麦粉の生地を焼き、餡を巻いたものが主流ですが、関西では道明寺粉で餡を包んだものを指します。香りのよい塩漬けの桜葉は、お好みでいただいても構いません。

(材料) 10個分

頭道明寺粉……100g
水……180g
上白糖……35g
食紅(紅)……適宜
こし餡……150g(ひとつ15g)
桜の葉の塩漬け……10枚
手水シロップ
　上白糖……50g
　水……50g

(準備)

桜の葉の塩漬けを水に浸けて塩抜きする。こし餡を10等分して餡玉を作る。

1　手水シロップを作る。上白糖と水を混ぜながら煮溶かし、冷ましておく。
ポイント▶生地の表面を色ツヤ良く仕上げるために、手水にはシロップを使う。

2　別鍋に上白糖と水を合わせて火にかける。上白糖をよく溶かして、食紅で桜色に染め、沸騰させる。

3　ボウルに頭道明寺粉を入れ、**2**の液を熱いまま回しかける。

4　手ごたえが出てくるまで泡立て器でかき混ぜる。

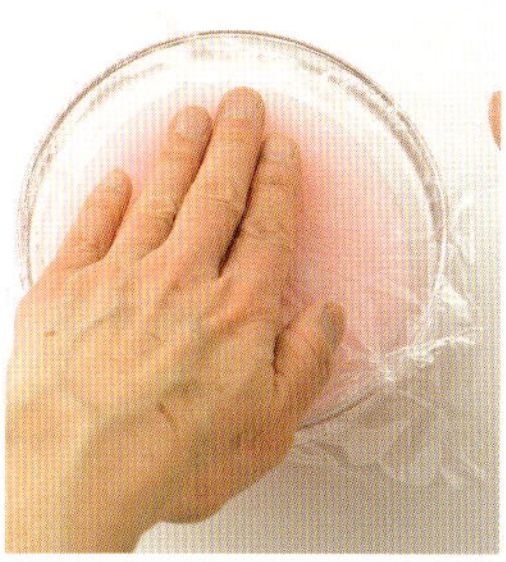

5　**4**の生地に直接ラップを密着させるようにかぶせ、そのままおいて5分ほど蒸らす。

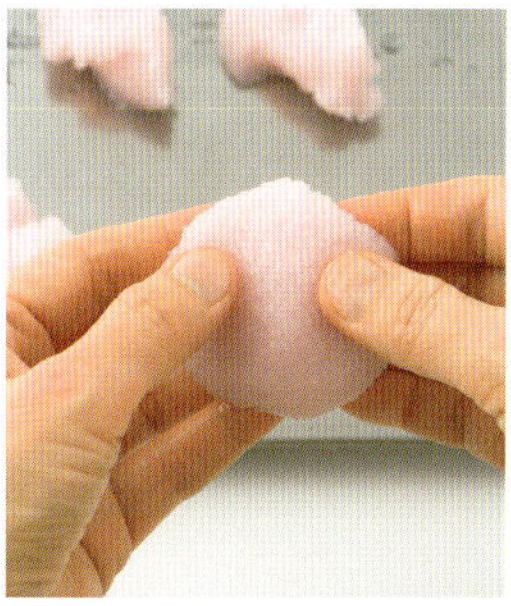

6　**1**の手水シロップで手を濡らし、**5**の生地を10等分して手水シロップで濡らしたバットに置く。一つずつ手の中で軽く揉み込んで粘りを出す。

7　**6**の生地で餡玉を包む。

8　楕円に形を整える。

（保存法と日持ち）

密閉容器に入れ、常温で保存。作ったその日のうちに食べ切る。桜の葉に包まない状態でラップを敷いた密閉容器に入れ、冷凍保存も可能。

9　粗熱がとれたら、軽く水気を拭いた桜の葉で包む。
ポイント▶葉脈のある葉裏を表にする。

椿餅《つばきもち》

——一月

最古の餅菓子、和菓子の起源ともいわれています。
餡を包んだ道明寺の上下に椿の葉を当てて挟みました。
古来、木々の葉を器として用いた姿の名残ではないでしょうか。

（材料） 10個分

頭道明寺粉……100g
水……180g
上白糖……35g
粒餡……150g（ひとつ15g）
椿の葉……20枚
手水シロップ（作り方p.27 **1**）
……適宜

（準備）

基本の**2**〜**6**に倣い、食紅は入れずに白い生地を作る。粒餡は10等分して餡玉を作る。

1 手水シロップを手につけて生地を10等分にし、餡玉を包む。楕円に形を整える。

2 ガーゼに手水シロップをつけ、椿の葉の裏を拭く。

3 椿の葉の裏と裏で挟む。

萩の餅

はぎのもち――九月

お彼岸に「おはぎ」を供える風習は江戸時代に始まりました。
牡丹の咲く春には「ぼた餅」と、
萩の花が咲く秋には「萩の餅」と、その名を呼び換えました。

（材料）10個分
頭道明寺粉……100g
水……180g
上白糖……35g
粒餡……75g(ひとつ15g)
こし餡……75g(ひとつ15g)
トッピング……適宜
（きな粉、青海苔、白胡麻、
黒胡麻など）
手水シロップ(作り方p.27 **1**)
……適宜

（準備）

餡は各々5等分して餡玉を作る。基本の**2**～**6**に倣い、食紅は入れずに白い生地を作り、10等分する。うち6個は、丸めた粒餡とこし餡を各3個ずつ包み、楕円に形を整える。

1 餡を包んだ生地に、ボウルに入れた好みのトッピングをまぶす。餡との組み合わせも好みでよい。

2 残った頭道明寺生地4個を楕円に丸め、粒餡、こし餡を各2個ずつかぶせる。

月の兎

つきのうさぎ——九月

まん丸い形に仕立てお月さまを連想させつつ、表面に氷餅をまぶしてから焼いた金串で目と耳を描き、月に住むという兎を表現しました。形を楕円にすれば、十二月の菓子「雪兎」にもなります。

（材料）10個分
頭道明寺粉……100g
水……180g
上白糖……40g
こし餡……150g
（ひとつ15g）
氷餅……適宜
手水シロップ（作り方p.27 **1**）
……適宜

（準備）
基本の**2**〜**6**に倣い、食紅は入れずに白い生地を作る。こし餡を10等分して餡玉を作る。

1 氷餅を細かく揉みつぶす。

2 生地を10等分し、手水シロップで濡らしたバットに置く。こし餡を包み、氷餅をまぶす。

3 金串を焼いて、耳と目を入れ表情をつける。

光琳菊

こうりんぎく——十月

尾形光琳が屏風絵に描いた菊の形を菓子に写しました。円を描いて中心に点を打つ——至ってシンプルながら野に咲く可憐な菊の花を上手に表現しています。

（材料）10個分

頭道明寺粉……100g
水……180g
上白糖……40g
食紅（紅）……適宜
こし餡……150g
　（ひとつ15g）
氷餅……適宜
小豆かのこ……10粒
手水シロップ（作り方p.27 **1**）
　……適宜

（準備）

基本の**2**〜**6**に倣い、ピンクの生地を作る。こし餡を10等分して餡玉を作る。

1 生地を10等分し、手水シロップで濡らしたバットに置く。こし餡を包み、細かく揉みつぶした氷餅をまぶす。

2 手の中で軽く押し、平たい楕円に形を整える。指で中央に窪みをつける。

3 窪みに小豆かのこを飾る。

「こなし」の主菓子

餡に粉をそのまま入れて混ぜ、蒸し上げた生地を使った菓子です。
強力粉を混ぜるともっちりとした食感に、薄力粉を混ぜるとややあっさりとした食感に仕上がります。粘土のような柔らかさに仕上がるため、はっきりとした造形に向きます。

こなしの 基本

山みち

やまみち——十月

緑、黄、朱の三色で山々が紅葉する様を、上部の曲線で山並みを表した棹物です。外側のこなし生地はピンクと緑で春の山みち、緑の濃淡で夏の山みち、真っ白にすれば冬の山みちと、配色を変えることで四季折々の山の姿が表現できます。

（材料） 25cm×２本分

- A
  - こし餡……500g
  - 強力粉……50g
  - 餅粉……10g
- B
  - 白餡……250g
  - 強力粉……25g
  - 餅粉……５g
  - 食紅（紅、黄、緑）……適宜
- C
  - 水……50g
  - 上白糖……100g

（準備）

Cを小鍋に入れて火にかけ、煮溶かして冷まし、シロップを用意する。

1 A、Bの食紅以外の材料をそれぞれ別のボウルに入れ、粉気がなくなるまでよく揉み混ぜる。

2 生地を、別々の濡れ布巾にこぶし大にちぎって広げ、強火で35分蒸す。蒸し上がったら、A、Bともやけどに注意しながら布巾ごと取り出す。

3 濡れ布巾を取り替え、A、Bともに熱いうちに生地が滑らかになるまで揉み込む。準備しておいたシロップを加えてさらに揉み、好みの硬さに仕上げる。
ポイント▶耳たぶくらいの硬さが目安。シロップの混ぜ加減で生地の硬さが変わる。冷めると少し硬くなることを考慮する。

4 Bの白餡のこなし生地は3等分し、それぞれ黄、緑、朱(紅＋黄)に染める。染めた生地を各色とも2等分する(2本作るので)。

5 **4**をそれぞれ25cmほどの棒状にし、大きめに敷いたラップの上に緑、黄、朱の順に並べる。表裏ともつなぎ目を指で合わせてなじませる。

6 外しやすいよう上から斜めにラップをかけ、麺棒でのばす。

7 **6**の上部のラップを外し、Aのこし餡のこなし生地半量を棒状にしてのせる。

8 下のラップごと、こし餡のこなし生地に3色のこなし生地を巻きつける。

9 ラップを外し、きつく絞った濡れ布巾に移し、布目がつくよう巻きなおす。

10 3色の生地を上にし、箸で凹凸をつける。まず中央に1本窪みをつける。

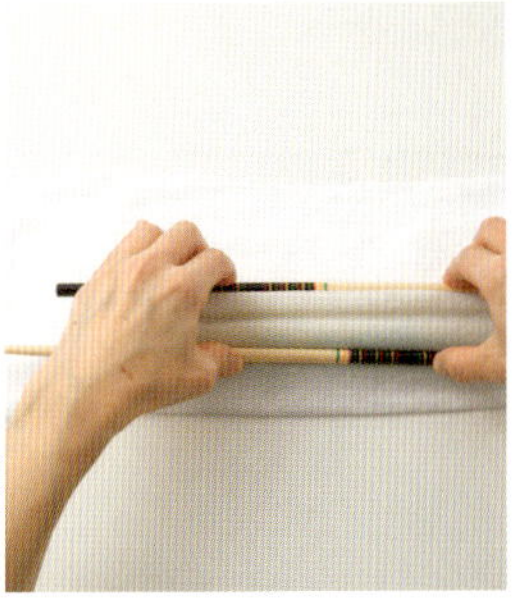

11 その前後に均等に2本の窪みをつける。

12 端を切り落とし、濡れ布巾で包丁を拭きながら、2.5cm幅に切る。

(保存法と日持ち)

密閉容器に入れ、常温で1～2日。ラップを敷いた密閉容器に入れ、冷凍保存も可能。

花見団子

はなみだんご——四月

諸説ありますが、ピンクは花を、緑は葉を、こし餡生地の茶色は幹を表し、桜の木の姿を写しているとされます。ピンクと緑の団子の間をあけるのは、かつて田楽箱に盛っていた頃の名残といわれています。

（材料）10本分

A
- こし餡……125g
- 薄力粉……15g

B
- 白餡……250g
- 薄力粉……30g

乾燥よもぎ、熱湯……各大さじ½
食紅（紅、緑）……適宜

（準備）

基本の**1**〜**3**に倣い、Aでこし餡、Bで白餡のこなし生地を作る。

1 乾燥よもぎを熱湯で溶く。食紅（緑）を加え、色良く仕上げておく。

2 白餡生地を半量に分け、**1**のよもぎと食紅（紅）で染め分ける。

3 団子を作る。すべての色を均等の重さ（約15g）で各10個に丸める。

4 こし餡、よもぎ、ピンクの順に串に刺す。ピンクは少し間をあけて刺す。

引千切

ひちぎり──三月

京都独特の雛祭りの菓子です。台になっている生地を引きちぎることから、その名がつきました。

（材料）12個分

白餡……250g
薄力粉……30g
乾燥よもぎ、熱湯……各大さじ1
粒餡……60g（ひとつ10g）
こし餡……60g（ひとつ10g）
そぼろ餡（作り方p.43）……240g
食紅（紅、緑）……適宜

（準備）

花見団子（p.34）の1、2に倣い、よもぎのこなし生地を作り、6等分して俵形にする。そぼろ餡の半量をピンクに染めてそぼろを作る。残りの半量もそぼろにする。

1 俵形にしたよもぎのこなし生地を中央から引きちぎる。

2 1の生地に親指で窪みをつけ、座るように形を整える。

3 こし餡と粒餡を各々6等分して丸め2の窪みにのせる。

4 餡の上に白とピンクの山の芋餡のそぼろを飾る。餡とそぼろの組み合わせはお好みで。

着せ綿

きせわた──九月

重陽の前日、菊花に綿をかぶせます。翌朝夜露と菊の香りを含んだ綿で身をぬぐうと不老長寿を得る、という中国の故事を意匠にした菓子です。

（材料）12個分

白餡……250g
強力粉……25g
餅粉……5g
食紅（紅）……適宜
白餡……240g
（ひとつ20g）
山の芋餡……少々

（準備）

基本の1～4に倣い、ピンクのこなし生地を作り、12等分する。白餡も12等分して餡玉を作る。山の芋餡をごく細かいそぼろにする（作り方p.43）。

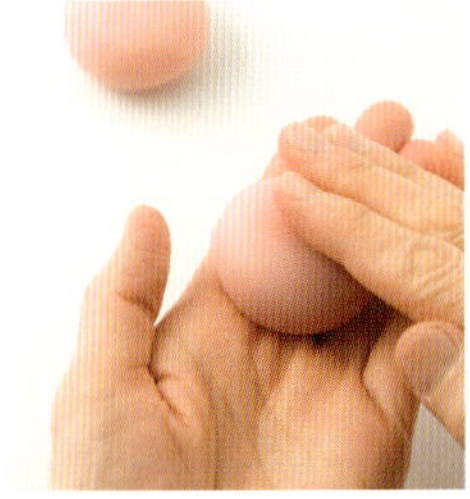

1 ピンクに染めたこなし生地で白餡を包み、平丸に整える。

2 三角ベラを使ってヘラ目を入れる。

3 三角ベラを振り子状に上下させながら、ランダムに交差した線を入れる。

4 頂を窪ませ、そぼろにした山の芋餡を飾る。

「求肥《ぎゅうひ》」の主菓子

古くは牛皮とも書き、牛のなめし皮のように白く、
滑らかさときめの細かさ、弾力性を併せ持った餅生地です。
生地には砂糖がたっぷり入るのでツヤがよく、透明感があるのが特徴です。

求肥の 基本

栗餅《くりもち》——九月

関西ではポピュラーな菓子で、栗大福とも呼ばれます。栗の甘露煮をのせた餡を包むことで、白い餅生地の下にうっすらと見える栗が鄙《ひな》びた風情を感じさせますが、茶席の菓子としても使えます。

（材料）12個分
餅粉……100g
上白糖……140g
水……140g
水あめ……大さじ1
こし餡……240g（ひとつ20g）
栗の甘露煮……6個
片栗粉……適宜

（準備）
12等分して丸めたこし餡に、汁気を切って適当に割った栗を埋め込み、丸く形を整える（餡ひと玉に栗½個）。

1 ボウルに餅粉を入れ、分量の水を少量ずつ加えて混ぜる。漉しながら鍋に移す。弱火にかけ、粉っぽさの消えたツヤと透明感のある餅状に練る。

2 全体に透明感が出たら上白糖を３〜４回に分けて加え、その都度、焦がさないよう餅状になるまで良く練り合わせる。
ポイント▶砂糖を加えるタイミングが重要。しっかり餅状になってから加えること。

3 仕上げにツヤ出しの水あめを加え、更によく練る。

4 片栗粉を広げたバットに**3**を取り出す。

5 上から片栗粉を振りかけ、切り分けやすいよう、熱いうちにカードで四角く形を整えておく。

6 ５分ほど生地を落ち着かせてから、手早く12等分する。
ポイント▶生地が温かいうちにおこなう。

7 生地の内側の粉を払い、栗を下向きにして餡をのせる。
ポイント▶餡を持った手で生地が汚れないよう、手を拭きながら包む。

8 逆さに返して生地をのばし包む。
ポイント▶栗の凹凸が生地の表面にほんのり浮き出ると表情がよい。

（保存法と日持ち）

密閉容器に入れ、常温で１〜２日。保存するときは手粉をつけたままのほうが乾燥を防げる。ラップを敷いた密閉容器に入れ、手粉をつけたまま冷凍保存も可能。

9 再び逆さに返して口を閉じ、腰高に形を整える。いただく直前に刷毛で手粉を払って仕上げる。

花びら餅

はなびらもち――一月

お正月の宮中儀式「歯固めの祝」に用いられた鏡餅を模した餅菓子です。押し鮎に見立てたごぼうと、雑煮に由来する味噌餡を挟んで仕上げます。裏千家では初釜式に用いられ、現在家元ではごぼうを手前に盛り付けられます。

（準備）

基本の **1** ～ **6** に倣い、Aの材料で白の生地を作る。ピンクの生地はBの材料でうぐいす餅（作り方p.40）**1**、**2** に倣い、淡い紅色に染めて作る。

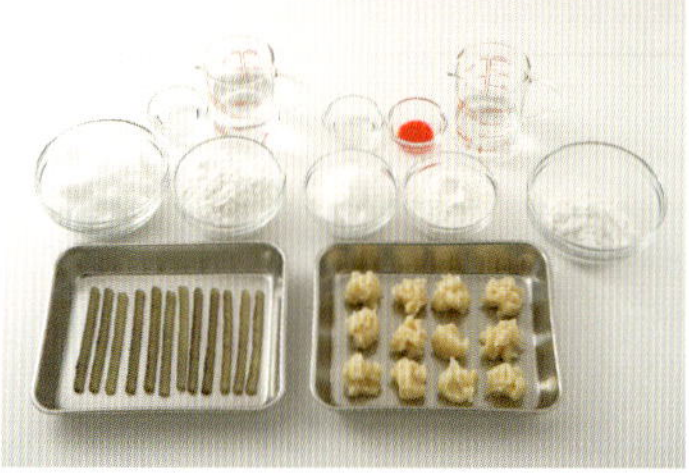

（材料）12個分

A
- 餅粉……100g
- 上白糖……140g
- 水……150g
- 水あめ……大さじ1

B
- 餅粉……50g
- 上白糖……70g
- 水……75g
- 水あめ……大さじ½
- 食紅（紅）……適宜

ごぼう
- ごぼう……長さ30cm（直径約2cm）分
- 米のとぎ汁……適宜
- 上白糖……100g
- 水……100g

味噌餡
- 白餡……130g
- 白味噌……35g

片栗粉……適宜

〈ごぼう〉

1 ごぼうは皮付きのまま洗って半分の長さに切る。米のとぎ汁に入れて火にかけ、竹串が通るくらいまで2時間ほど、湯を足しながら湯がく。その後水に30分ほど晒す。

2 縦に六つ割りにし、扇形になるように芯の部分を切り取り、12本にする。反らないように、数本まとめてたこ糸で両端を軽くしばる。

3 砂糖と水を混ぜながら溶かしてシロップを作り、ごぼうを入れて2〜3分炊き、火を止めて一晩味を染みこませる。

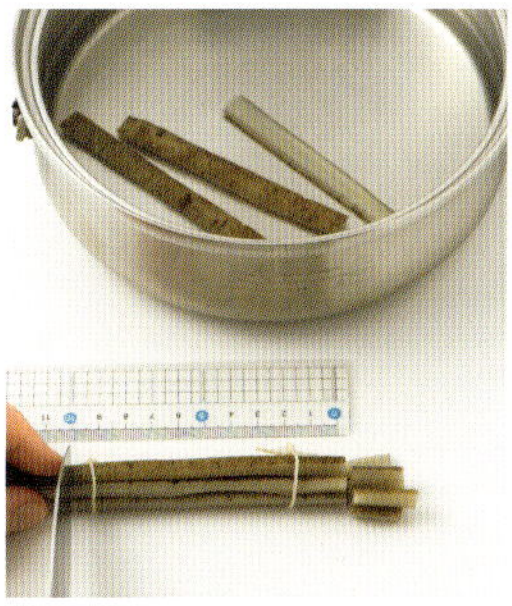

4 ごぼうを引き上げ、両端の切り口を整えながら10cm長さに切る。シロップは煮詰めて火を止め、たこ糸を切ったごぼうを入れて、冷ましながら再び甘みを染みこませる。

〈味噌餡〉

5 白餡を鍋に入れ、白味噌を加えてムラなく混ぜる。

6 弱火で練る。ヘラを振ってぼったり落ちる程度に、やや柔らかめの餡に仕上げる。冷めてから13gずつ、12個に分けて丸めておく。

〈生地〉

7 ピンクの生地は2〜3mm厚さにのばす。4cm角の正方形(12枚)にカットして、切り口にも片栗粉をつけておく。

8 白の生地は30gずつ12個にカットして粉をよく払い、餡を包む要領で周囲から中央に生地をたたんで形を整える。

9 片栗粉をたっぷり敷き、**8**を麺棒で左右7cm幅くらいの楕円に、表裏返しながらのばす。

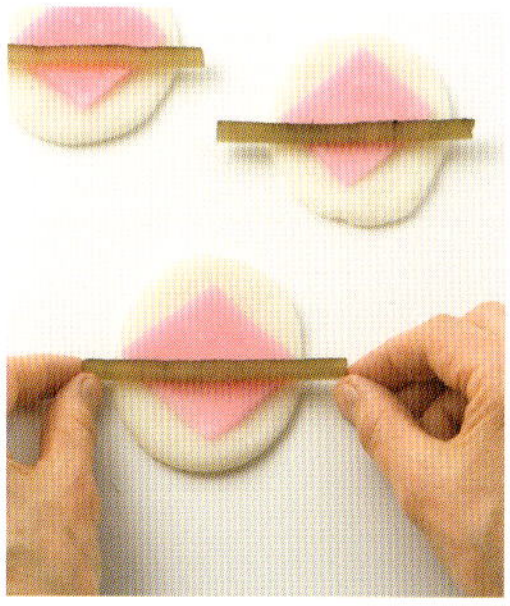

10 白生地の内側とピンク生地両面の粉を刷毛で払い、ピンクの生地を菱なりに重ね合わせる。ごぼうを中央よりやや下に置く。

11 ごぼうの下側に味噌餡をのせる。

12 白生地とピンク生地を一緒に、手前に折りたたむ。刷毛で粉を払って仕上げる。

うぐいす餅

うぐいすもち——二月

春告鳥とも呼ばれるうぐいすの姿を写した菓子です。
青大豆から作られる、緑色をしたうぐいすきな粉を使い、
芳ばしい香りと萌え出づるような色に春の訪れを感じます。

(材料) 12個分

餅粉……60g
白玉粉……40g
上白糖……140g
水……150g
水あめ……大さじ1
食紅(緑)……適宜
こし餡……300g(ひとつ25g)
うぐいすきな粉……適宜

(準備)

こし餡を12等分して餡玉を作る。

1 餅粉と白玉粉に水を少しずつ加えて溶かし、食紅でごく淡い緑に染める。
ポイント▶火が入ると色が濃くなる。

2 基本の1〜3に倣い、淡緑の生地に仕上げる。

3 バットにうぐいすきな粉を広げ、2を取り出して上からもうぐいすきな粉を振りかけて12等分し、こし餡を包む。

4 両端を指でつまみ、菱形に整える。仕上げにうぐいすきな粉を軽く振る。

亥の子餅

いのこもち——十一月

古くから十一月の最初の亥の日に囲炉裏を開き、火を入れる習慣があり、茶の湯でもこの日が炉開きの日とされています。その際にいただくのが亥の子餅で、猪の子どもの姿を写しています。

（材料）12個分

餅粉……100g
上白糖……140g
水……150g
水あめ……大さじ1
シナモン……小さじ1
黒胡麻……3g
粒餡……300g(ひとつ25g)
片栗粉……適宜

（準備）

粒餡を12等分して餡玉を作る。

1 餅粉にシナモンを加え、基本の**1**〜**3**に倣って生地を作る。

2 餅状になったら黒胡麻を加えて混ぜる。片栗粉を広げたバットに取り出し、基本の**5**、**6**に倣って12等分する。

3 粒餡を**2**で包み、楕円に形を整える。いただく直前に刷毛で粉を払う。

「きんとん」の主菓子

餡玉に、餡のそぼろをつけた菓子のことをきんとんと呼びます。

そぼろ餡の色の濃淡や配色、そぼろの細かさなどで、四季折々の風情を表します。

口溶けと風味のよさ、また色の美しさを出すために、そぼろ餡には必ず山の芋餡を加えます。

きんとんの 基本

菜種きんとん

なたねきんとん――三月

春の野に広がる菜の花畑を写した菓子です。

黄緑色の上に、細かなそぼろで作った黄色い小花を散らして仕上げました。

（材料）10個分

そぼろ餡
　白餡……200g
　山の芋餡……150g
　食紅（黄、緑）……適宜
粒餡……150g（ひとつ15g）

（準備）

粒餡を10等分して餡玉を作る。

1 山の芋餡と白餡を合わせて丁寧に混ぜ、そぼろ餡を作る。

2 1から少量を取り分け、濃い黄色に染める。残りを黄と緑を合わせた食紅で黄緑に染める。

3 黄緑色の餡を半量ずつまとめ、厚みを2㎝くらいに均等にのばす。漉し器にのせ、手前から奥へ押し出すようにしてやや細目のそぼろを作る。

4 黄色の餡は目の細かい漉し器を使い、ごく細かく短いそぼろを作る。

5 手のひらに、土台となるそぼろをのせる。中に入れる餡玉がのる程度の大きさに。

6 そぼろに餡玉をのせ、下の方からそぼろをつけていく。全体のバランスをみながら、しっかり植え込むようにつける。
ポイント▶箸を拭きながら作業する。

（保存法と日持ち）
常温または冷蔵で保存。作ったその日のうちに食べ切る。ラップを敷いた密閉容器に入れ、冷凍保存も可能。

7 緑のそぼろをつけ終わったら、仕上げに黄色のそぼろを散らすように飾る。

常盤木《ときわぎ》

一月

一年中、緑葉を保つ木を常盤木といいます。
花のあとに伸びる芯を小豆かのこで表現した、おめでたい若松です。

（材料）10個分
そぼろ餡
　白餡……200g
　山の芋餡……150g
　抹茶、水……各大さじ½
　食紅（緑）……適宜
黄身餡……150g（ひとつ15g）
小豆かのこ……30粒

（準備）
黄身餡を10等分して餡玉を作る。

1 基本の**1**～**3**に倣い、水溶きの抹茶と食紅（緑）で染めた粗目のそぼろを作る。基本の**5**、**6**に倣い、餡玉にそぼろをつける。

2 頂に小豆かのこを３粒ずつ飾る。

梅が枝《うめがえ》

二月

千里に香る鮮やかな紅梅に、
早春の淡雪がかぶった姿を表しました。

（材料）10個分
そぼろ餡
　白餡……200g
　山の芋餡……150g
　食紅（紅）……適宜
こし餡……150g（ひとつ15g）

（準備）
こし餡を10等分して餡玉を作る。

1 上にのせる白いそぼろの分の山の芋餡を少量取り分ける。基本の**1**～**3**に倣って紅に染めた粗目のそぼろと、取り分けた餡でごく細かい白いそぼろを作る。

2 基本の**5**、**6**に倣い、餡玉にピンクのそぼろをつける。白いそぼろを頂に飾る。

吉野山

よしのやま——四月

五色の餡を重ねてそぼろにし、桜の名所、奈良・吉野の山を覆う深山桜を表しました。

（材料）10個分

そぼろ餡

白餡……200g

山の芋餡……150g

食紅（紅、黄）……適宜

白餡……150g（ひとつ15g）

（準備）

白餡を10等分して餡玉を作る。食紅の紅と黄を合わせて淡い朱色を用意する。紅色の濃淡は溶く水の量で加減する。

1 基本の1、2に倣い、ピンク、白、淡いピンク、濃いピンク、淡い朱色（比率は3：3：2：1：1）に染めたそぼろ餡を作る。それぞれ平たくのばして重ねる。

2 1を半分にちぎって重ね、10層にする。

ポイント▶重ね目が違う色になるように、必ず折らずにちぎって重ね合わせる。

3 目のやや細かい漉し器でそぼろを作る。基本の5、6に倣い、餡玉にそぼろをつける。

薫風

くんぷう——五月

白、薄い青、濃い青の三色のそぼろで皐月に吹く風の爽やかさを伝えます。

（材料）10個分

そぼろ餡

白餡……200g

山の芋餡……150g

食紅（青）……適宜

こし餡……150g（ひとつ15g）

（準備）

こし餡を10等分して餡玉を作る。

1 基本の1、2に倣い、濃い青、白、薄い青（比率は1：2：1）に染めたそぼろ餡を作る。それぞれ平たくのばして3層に重ね、粗目のそぼろを作る。

2 基本の5、6に倣い、餡玉にそぼろをつける。

紫陽花

あじさい——六月

移りゆく花の色を白と紫のそぼろで、散らした錦玉で雨の露を表しました。

(材料) 10個分

そぼろ餡
　白餡……200g
　山の芋餡……150g
　食紅(紫)……適宜
粒餡……150g(ひとつ15g)
錦玉羹……適宜

(準備)

粒餡を10等分して餡玉を作る。透明な錦玉羹を作る(作り方p.55)。

1 錦玉羹を包丁で5㎜角に切る。

2 基本の1、2に倣い、白と紫のそぼろ餡を半量ずつ作る。吉野山(p.45)の1、2に倣い、平たくのばして重ねる。3つにちぎって重ねて6層にし、粗目のそぼろを作る。

3 基本の5、6に倣い、餡玉にそぼろをつける。きんとんの表面に錦玉羹を散らすように飾る。
ポイント▶錦玉羹の角を上にするとキラキラと光る。

天の川

あまのがわ——七月

そぼろを淡い紅(織姫)と淡い青(牽牛)に染め分け、中央に細かな錦玉(天の川)を配しました。

(材料) 10個分

そぼろ餡
　白餡……200g
　山の芋餡……150g
　食紅(紅、青)……適宜
こし餡……150g(ひとつ15g)
錦玉羹……適宜

(準備)

こし餡を10等分して餡玉を作る。透明な錦玉羹を作る(作り方p.55)。

1 錦玉羹を包丁で細かく切る。

2 基本の1～3に倣い、淡い紅、淡い青に染めたそぼろ餡を半量ずつ作り、それぞれやや細目のそぼろを作る。基本の5、6に倣い、餡玉に左右半分ずつそぼろをつける。

3 2色の境目に錦玉羹を飾る。

夕さり

ゆうさり——八月

ぽつりぽつりと家々に明かりが灯り始める頃、長い夏の日はようやく夕暮れを迎えます。

（材料）10個分
そぼろ餡
　こし餡……200g
　山の芋餡……150g
白餡……150g（ひとつ15g）
金箔……適宜

（準備）
白餡を10等分して餡玉を作る。

1 基本の**1**〜**3**に倣い、こし餡と山の芋餡を混ぜて、粗目のそぼろを作る。

2 基本の**5**、**6**に倣い、餡玉にそぼろをつける。

3 金箔を飾る。

萩の露

はぎのつゆ——九月

そぼろを染め分けて萩の花の色を写し、花の上に結んだ露を錦玉で表しました。

（材料）10個分
そぼろ餡
　白餡……200g
　山の芋餡……150g
　食紅（紅、緑）……適宜
粒餡……150g（ひとつ15g）
錦玉羹……適宜

（準備）

粒餡を10等分して餡玉を作る。透明な錦玉羹を作り（作り方p.55）、包丁で5㎜角に切る。

1 白餡と山の芋餡を混ぜてそぼろ餡を作る。⅓量を取り分けて、吉野山（p.45）の**1**、**2**に倣い、白、薄い紅、濃い紅（比率は1：2：1）に染め、重ねて粗目のそぼろを作る。残り⅔量は草色に染め、粗目のそぼろを作る。

2 基本の**5**、**6**に倣い、餡玉にそぼろをつける。下から⅔が草色、上⅓が紅白のマーブルになるように。

3 錦玉羹を散らすように飾る。

唐錦

からにしき——十月

そぼろ餡を緑、黄、紅に染め分けて
色づき始めた秋冷の山の姿を写しました。

初霜

はつしも——十一月

早朝、初冬の大地はうっすらと白く見えます。
氷餅を砕いて振りかけ、霜を表しました。

雪餅

ゆきもち——十二月

触れれば溶けてしまうかのような師走の雪を、
真っ白な山の芋餡のみのそぼろで表しました。

（ 材料 ）10個分
そぼろ餡
　白餡……200g
　山の芋餡……150g
　食紅（紅、緑、黄）……適宜
こし餡……150g（ひとつ15g）

（ 準備 ）
こし餡を10等分して餡玉を作る。

1 基本の**1**～**3**に倣い、そぼろ餡を3等分して黄、濃い紅、草色に染めて粗目のそぼろを作る。

2 基本の**5**、**6**に倣い、餡玉に⅓ずつ3色のそぼろをつける。

（ 材料 ）10個分
そぼろ餡
　こし餡……200g
　山の芋餡……150g
粒餡……150g（ひとつ15g）
氷餅……適宜

（ 準備 ）
粒餡を10等分して餡玉を作る。

1 基本の**1**～**3**に倣い、こし餡と山の芋餡を混ぜて、粗目のそぼろを作る。

2 基本の**5**、**6**に倣い、餡玉にそぼろをつける。氷餅を細かく崩して振りかける。

（ 材料 ）10個分
山の芋餡……350g
黄身餡……150g（ひとつ15g）

（ 準備 ）
黄身餡を10等分して餡玉を作る。

1 基本の**3**に倣い、山の芋餡でやや細目のそぼろを作る。

2 基本の**5**、**6**に倣い、餡玉にそぼろをつける。

私と和菓子1

和菓子との出会い

我が家は代々の茶家でもなく菓子屋でもありません。お菓子食べたさに父にお茶を習い始めたのが小学校三年生の時のことです。お蔭様でそれ以後は週に一度、欠かさず和菓子を口にすることになります。父の使いで菓子屋にお菓子を受け取りに行ったり、お仲間の先生方から届く地方の珍しい和菓子をいただくのも、子供心にとても嬉しいことでした。

　その後、私が茶の道を志したのは、父や社中の皆さんと共に訪れた御宗家で呈茶のお手伝いをしていた若くて美しい女性たちへの憧れからでした。凛とした姿で客をもてなす彼女たちが裏千家学園の学生と知り、日本で唯一の茶道の専門学校である学園への進路を決めました。裏千家学園茶道専門学校とは、御家元の中にあり茶道のみならず日本文化全般について一流の講師陣に学ぶことのできる実に恵まれた環境の学校でした。今日の私があるのは、御家元のお膝元で本物を見聞きし、触れさせていただいた三年間の学園生活のお蔭です。和菓子においては、毎朝京都の著名なお店から日替わりで生菓子が届けられ、行事のお菓子、季節のお菓子など、茶の湯と共に発展を遂げた京菓子の趣の深さと味わいを日々の授業の中で学ばせていただきました。また学生は全国から集まって来ており、三年間の寮生活の中で帰省の折に往来する全国津々浦々の銘菓を口にすることができたのも、何より幸運なことでした。

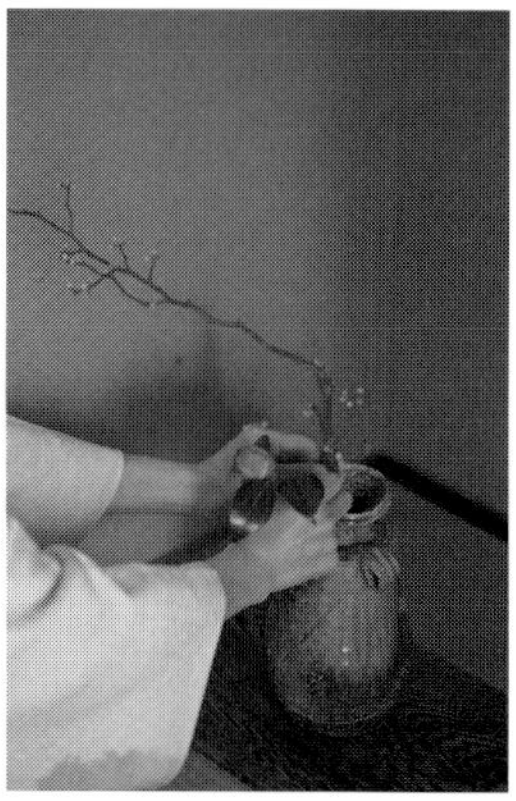

頭道明寺粉と運命の出会い

卒業後、神戸に戻り父の教室の手伝いを始めましたが、異国情緒漂うこの街では茶の湯に向く菓子がなかなか手に入りませんでした。日常のお稽古にデパートの高級菓子を使うわけにもいかず、さりとて町のお店の具象的な菓子を求める気にもなれず、私は自らの手でお稽古のお菓子を作ることにしたのです。学園時代の製菓実習のノートを取り出し、書店で本を買い求め、京都で学んだ茶席に向く菓子を何とかして作りたいと思ったのです。

ところが、いざ作るとなると謎だらけでした。お菓子の銘や製法を知ってはいても、その成り立ちについてはまったくの無知であることを痛感させられました。いろいろな失敗を繰り返しながら作るうちに、和菓子作りは科学だと感じるようになりました。素材の違いや気温や湿度などの環境に左右されるのも事実ですが、粉の特質を覚え、加熱の方法や時間による変化を知れば、極端に難しいものではないのではないか……。まずは素材を知ることだ、そう感じ始めていた頃に京都在住の学園の同期生、大槻節子さんから「すごく簡単にとっても美味しくできる桜餅がある」と、頭《かしら》道明寺粉の存在を知らされました。「こんなに便利で手軽にお菓子ができる粉があるんだ！」最も細かく粉砕された糒《ほしいい》「頭道明寺粉」の出現によって私の和菓子作りへの思いは加速されます。この粉との出会いがなければ、今の私は存在していなかったことと思います。今もなお、京都の和菓子の最新情報を提供してくれている大槻さんは、私の良きアドバイザーであり、恩人です。入手が安易ではない頭道明寺粉をあえてこの本の中にご紹介させていただいた理由はそこにあるのです。

先人の知恵と大地の恵みに感謝する

和菓子の原材料となる粉は、主に餅米とうるち米を加工して作られます。たった二種類の米から広がる粉のバリエーションには目を見張るものがあります。一体いつ誰がこのような加工法を見つけ出し、保存食や携帯食として、さらにはそれらの粉を用いての菓子を完成させたのでしょう。小麦や蕎麦の粉、葛や蕨、甘藷《かんしょ》など地下茎の澱粉、きな粉にみる豆の粉などを配合し、砂糖を合わせてさまざまな風合いの和菓子の生地が誕生します。和菓子の命ともいえる餡の主な原料は豆類です。豆の味は産地や品種によっても異なりますが、餡を炊くたびに穀物と共に豆を大切に扱ってきた先人達の思いを伺い知ることができます。古来、人々は大地の恵みに感謝し、謹んで生かす工夫を重ねてきたのだと思います。最近ではお菓子を製作することに終始し、豆の顔を覗きながら手間をかけて餡を炊く時間がありません。教室の餡は製餡店にお願いして特別に炊いていただいています。豊かな時代に生を受け、完成された材料を容易に手にして、恵まれた環境の下での和菓子作りを心から幸せに思います。

また和菓子の楽しみは何といっても鮮やかな色彩です。移ろう季節を愛でる日本の心です。四季のあるこの国に生まれたことにも深く感謝です。掌に収まる小さなお菓子に素材を生かしつつ、折々の姿を見事に表現してきた日本人の感性には感じ入るばかりです。

真似ることに始まった私の和菓子作りも、徐々に自らの思いを伝え喜びを生み出すものへと転じます。真心を込めて楽しい思いで作ったお菓子は、必ずや召し上がって下さる方々をも微笑ませ、幸福な心地にするものと信じています。

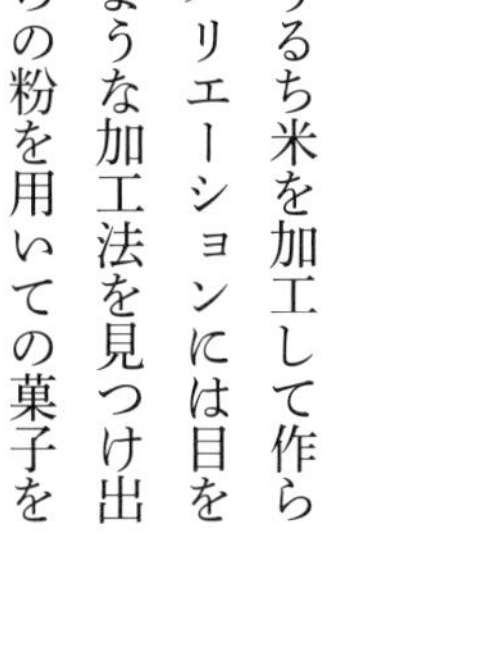

「錦玉羹《きんぎょくかん》」の主菓子

寒天と水を煮溶かし、砂糖を加えて作る夏の代表菓子です。型に入れて二色にしたり、餡を入れたりと、バリエーションが楽しめます。砂糖の量を控えると、透明感が出なくなるので注意します。

錦玉羹の 基本

さざ波《さざなみ》——七月

錦玉液に頭道明寺粉を加え、みぞれ羹に仕立てました。青い海面に、白い道明寺粉の波頭が立ってきらめく様を表現しています。

（材料）12個分
（16×13.5cmの流し缶1台分）
糸寒天……8g
水……350g
グラニュー糖……250g
水あめ……大さじ1
食紅（青）……適宜
頭道明寺粉……30g

（準備）
糸寒天を小さく切り、たっぷりの水に一晩つけてもどす。

1 錦玉液を作る。もどした糸寒天の水気を切り、分量の水とともに鍋に入れ、強火にかける。沸いてきたら弱火にする。
ポイント▶寒天は噴きこぼれやすいので火加減をこまめに調節する。

2 寒天が完全に煮溶けたらグラニュー糖を加えて沸かし、中火で1～2分煮詰める。
ポイント▶寒天の溶け残りを防ぐため、寒天をしっかり煮溶かしてから砂糖を加える。

3 仕上げにツヤ出しのための水あめを加え、再び煮立たせる。熱いうちに漉しながらボウルに移す。

4 食紅で青色に染める。

5 すぐに頭道明寺粉を加えてよく混ぜ、充分にふやけるようにときどきかき混ぜる（約3分）。

6 かき混ぜながら、水に当てて粗熱をとる。
ポイント▶常温で固まるので、氷水は使わなくていい。

7 頭道明寺粉がすぐに沈まなくなるまで、とろみが出るように冷ます。

8 水にくぐらせた流し缶に、錦玉液を流し入れる。

9 1時間ほどで完全に固まったら取り出す。
ポイント▶型の両脇を少し広げて空気を入れると抜きやすい。

10 包丁を濡れ布巾で拭きながら、定規を当てて12等分に切り分ける。冷蔵庫で冷やしてからいただく。

（保存法と日持ち）
常温または冷蔵で1～2日。ラップを敷いた密閉容器に入れ、冷凍保存も可能。

（材料）12個分
糸寒天……8g
水……350g
グラニュー糖……250g
水あめ……大さじ1
頭道明寺粉……20g
食紅（緑）……適宜

（準備）
基本の1～3に倣って錦玉液を作り、半量に分ける。陶製流し型は水にくぐらせ、水気をきっておく。

1 錦玉液の一方を緑に染め、もう一方に頭道明寺粉を加えてよく混ぜて、充分にふやけるようにときどきかき混ぜる。

2 双方とも基本の**6**、**7**に倣って混ぜながら冷ます。とろみが出たら頭道明寺粉の入ったボウルに緑に染めた錦玉液を入れ、ざっくりと混ぜる。

3 楓の陶製流し型に流し、冷蔵庫に入れて冷やし固める。固まったら型から抜き出す。
ポイント▶生地を指で押し、隙間へスプーンの柄などを差し入れるとよい。

（材料）15個分
糸寒天……8g
水……350g
グラニュー糖……250g
水あめ……大さじ1
頭道明寺粉……15g
食紅（紅）……適宜
白餡……120g（ひとつ8g）

（準備）
基本の1～7に倣い、ピンクの錦玉液を作る。白餡を15等分し、平たく丸めて餡玉を作る。陶製流し型は水にくぐらせ、水気をきっておく。

1 撫子の陶製流し型に半分まで錦玉液を流す。

2 中央に平たく丸めた餡玉を置く。

3 さらに上から錦玉液を流し、冷蔵庫に入れて冷やし固める。固まったら型から抜き出す。
ポイント▶下の錦玉液が固まりすぎると、注ぎ足した部分から割れるので手早くおこなう。

（材料）12個分
（16×13.5cmの流し缶1台分）
糸寒天……8g
水……350g
グラニュー糖……250g
水あめ……大さじ1
カラメル
　グラニュー糖……20g
　水……80g
小豆かのこ……適宜

1 小鍋にグラニュー糖を入れて弱火にかけ、ゆっくり溶かす。焦げ色がついたら水を注ぎ、カラメルを作る。

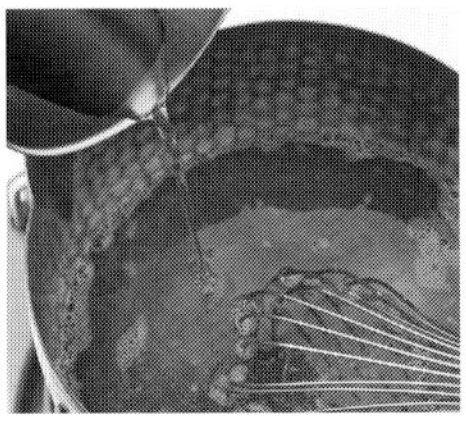

2 基本の1～3に倣って錦玉液を作る。水あめとともに1のカラメルを加える。

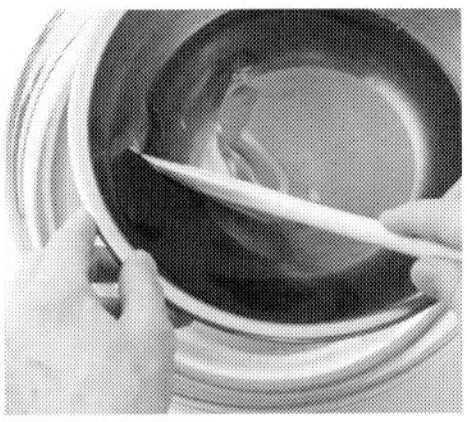

3 錦玉液を水に当てて粗熱をとり、混ぜながら少しとろみが出るまで冷ます。

4 水にくぐらせた流し缶に**3**を流し、小豆かのこをランダムに入れる。

ポイント▶小豆が浮き沈みするように入れる。

5 完全に固まったら型から外し、12等分に切り分ける。

青楓《あおかえで》——六月

二色に分けた錦玉液をマーブル状に混ぜ、楓の陶型に流して作る初夏の菓子です。

石竹《せきちく》——七月

石竹とは、中国より渡来した撫子のこと。淡紅色の錦玉の間に白餡を挟んで仕上げます。

琥珀羹《こはくかん》——八月

夏羊羹とも呼ばれる琥珀羹は、砂糖を焦がして作るカラメルで色をつけました。大徳寺納豆の代わりに、小豆かのこをランダムに散らします。

「薯蕷饅頭《じょうよまんじゅう》」の主菓子

薯蕷とは山の芋のこと。すりおろした山の芋に砂糖を丁寧にすり混ぜ、米粉と合わせた生地で餡を包み、ふっくらと蒸し上げます。
ひび割れを防ぐため、蒸し器に入れたら酢水を霧吹きして蒸します。

薯蕷饅頭の 基本

織部薯蕷《おりべじょうよ》――十一月

織部釉を写して、白い皮に緑のぼかしを入れます。
表面に施される焼き印も陶器からとったもので
焼いた金串の先や元を使ってさまざまな文様を表現します。

（材料）12個分

山の芋（すりおろし）……50g
上白糖……100g
上用粉……60g
粒餡……300g（ひとつ25g）
抹茶、水……各小さじ1
食紅（緑）……適宜
酢水（酢1：水2）……適宜
上用粉（手粉）……適宜

（準備）

粒餡を12等分して餡玉を作る。抹茶を水で溶き、食紅を加えておく。

1 山の芋をすり鉢ですり、上白糖を4～5回に分けて少量ずつ加える。

2 その都度、粘りとツヤが出るまでよくする。

3 大きめのボウルに上用粉を入れ、**2**を加える。

4 周囲からたたみ込むように、上用粉がなくなるまで丁寧に混ぜ込む。
ポイント▶粉を混ぜ込むときに、山の芋に含ませた空気を抜いてしまわないように注意する。

5 **4**の生地を少量取り、準備しておいた水溶きの抹茶で緑に染める。

6 台の上に上用粉を広げ、白と緑の生地を棒状にする。白い生地の上に緑の生地をのせ、つなぎ目を指でなじませる。

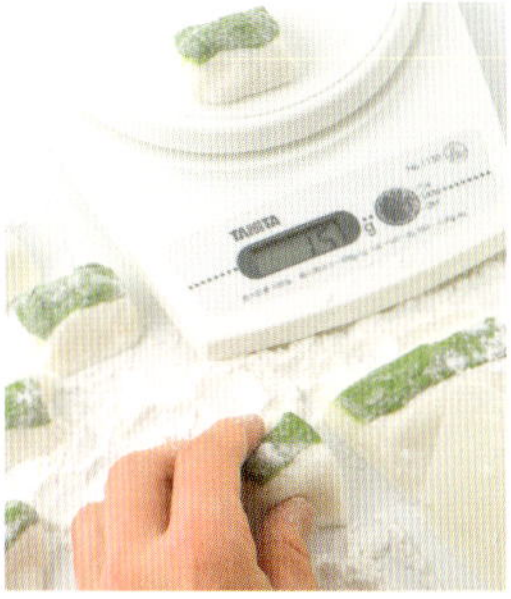

7 カードで生地を12等分に、1つ15gになるよう計りながら切る。

8 **7**の生地を丸くのばす。断面の緑と白の境目から指で広げるようにすると、ちょうどいいぼかし加減になる。

9 餡玉を包み、球形に形を整える。
ポイント▶空気が入ると蒸したとき破裂するので注意する。

10 クッキングシートを敷いた蒸し器にならべ、酢水で霧吹きをしたら、蓋に露受けの布巾をして強火で8～9分蒸す。

11 蒸し上がったら手早く扇いでツヤを出し、好みで梅、井桁、木賊《とくさ》などを焼いた金串で描く。

(保存法と日持ち)

常温で保存。作ったその日のうちに食べ切る。ラップを敷いた密閉容器に入れ、冷凍保存も可能。

えくぼ薯蕷

えくぼじょうよ —— 一月

饅頭の頂にえくぼをつけ、紅の玉を飾りました。正月から節分にかけて好まれる、愛らしい菓子です。

（材料）12個分
山の芋（すりおろし）……50g
上白糖……100g
上用粉……60g
紅餡
　白餡……300g（ひとつ25g）
　食紅（紅）……適宜
紅色のこなし生地
　（飾り用。作り方p.33）……少々
酢水（酢1：水2）……適宜
上用粉（手粉）……適宜

（準備）

基本の1～4に倣い、白色の生地を作る。白餡に食紅を加え、12等分して紅餡の餡玉を作る。

1 紅餡の餡玉を、12等分した生地で包む。

2 中央に指で窪み（えくぼ）を作り、蒸し器に並べる。基本の10に倣い、強火で8～9分蒸す。

3 蒸し上がったら手早く扇いでツヤを出し、熱いうちに小さく丸めた紅色のこなしの飾りを窪みにのせる。

東風

こち —— 二月

薯蕷の皮を楕円に平たくのばし、餡を包みました。梅の焼き印で、春に吹く風のイメージを伝えます。

（材料）10個分
山の芋（すりおろし）……50g
上白糖……100g
上用粉……60g
食紅（紅）……適宜
こし餡……200g（ひとつ20g）
酢水（酢1：水2）……適宜
上用粉（手粉）……適宜

（準備）

基本の1～7に倣い、白色にピンクの生地をのせて10等分する。こし餡を10等分して楕円形の餡玉を作る。

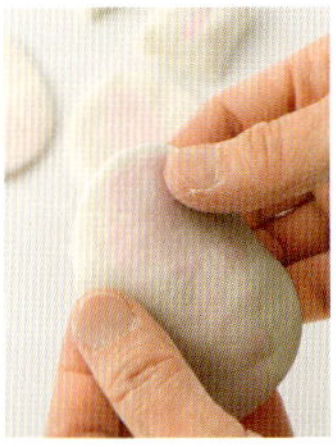

1 端をつぶしすぎないように生地を楕円に平たくのばし、基本の10に倣って蒸す。

2 蒸し上がったら、生地の上に固く絞った濡れ布巾をかけてシートごと蒸し器から出し、表裏を返して巻き簀の上に置く。

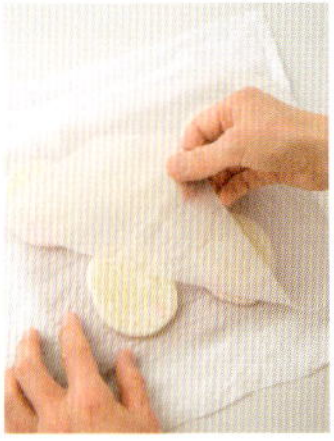

3 クッキングシートをはがす。

4 餡玉を生地の上にのせ、布巾ごと向こうから手前に折る。

5 粗熱がとれたら梅の焼き印を押す。

ポイント▶焼き印はしっかり焼いてから一度濡れ布巾にとり、軽く押す。

木の芽薯蕷

きのめじょうよ——五月

頂に木の芽を飾り、さらに薄く焼き色をつけました。木の芽の香りが初夏の訪れを告げます。

（材料）12個分

山の芋（すりおろし）……50g
上白糖……100g
上用粉……60g
粒餡……300g（ひとつ25g）
木の芽……12枚
酢水（酢1：水2）……適宜
上用粉（手粉）……適宜
サラダ油……適宜

（準備）

基本の**1**～**4**に倣い、白色の生地を作る。粒餡を12等分して餡玉を作る。

1 生地で餡玉を包む。基本の**10**に倣い、強火で8～9分蒸し、熱いうちに木の芽を貼り付ける。

2 フライパンに薄くサラダ油をひいてなじませ、ふき取る。**1**の頂に軽く焼き色をつける。

木枯らし

こがらし——十二月

生地にそば粉を混ぜて作ります。そばの香りと侘びた風情を楽しみます。

（材料）12個分

山の芋（すりおろし）……50g
上白糖……100g
上用粉……45g
そば粉……15g
こし餡……300g（ひとつ25g）
黒胡麻……適宜
酢水（酢1：水2）……適宜
上用粉（手粉）……適宜

（準備）

こし餡を12等分して餡玉を作る。

1 大きめのボウルに上用粉とそば粉を入れ、混ぜ合わせる。

2 基本の**1**、**2**に倣ってすりおろした山の芋に上白糖をすり混ぜ、**1**のボウルに加える。基本の**4**に倣い、生地を作る。生地で餡玉を包み、基本の**10**に倣って強火で8～9分蒸す。

3 蒸し上がったら熱いうちに、頂に黒胡麻を飾る。

「外郎《ういろう》」の主菓子

米粉を中心とした数種類の粉と砂糖を水で溶き、蒸して仕上げた生地を外郎といいます。粉の配合を調整して、餡を包んで形作るものは滑らかな生地に、餡を挟んで仕上げる生地には少し張りを持たせます。流し缶に入れて棹物にすることもできます。

外郎の基本

花椿《はなつばき》——十二月

花椿は山茶花の異名ともいわれています。初冬から翌春にかけて咲く花の姿を二本のヘラ目で表しました。

（材料）10個分

A
- 上用粉……65g
- 餅粉……20g
- 片栗粉……12g
- 上白糖……120g

葛粉……6g
水……135g
食紅（紅、黄）……適宜
白餡……200g（ひとつ20g）
黄色のごく細かいそぼろ
（飾り用。作り方p.43）……少々
片栗粉（手粉）……適宜
手水シロップ
（作り方p.27 Ⅰ）……適宜

（準備）

白餡を10等分して餡玉を作る。手水シロップの材料を鍋に入れて混ぜながら煮溶かし、冷ます。

1 ボウルにAをすべてふるい入れ、泡立て器で軽く混ぜる。葛粉を半量の水で溶き、漉しながら加えて混ぜる。残りの水で器に残った葛粉をすすいで漉しながら加える。

2 1に食紅を加えてよく混ぜ、淡いピンクに染める。

3 底のない枠、またはざるなどに濡れ布巾を広げ、2を流し入れ、強火で35分蒸す。

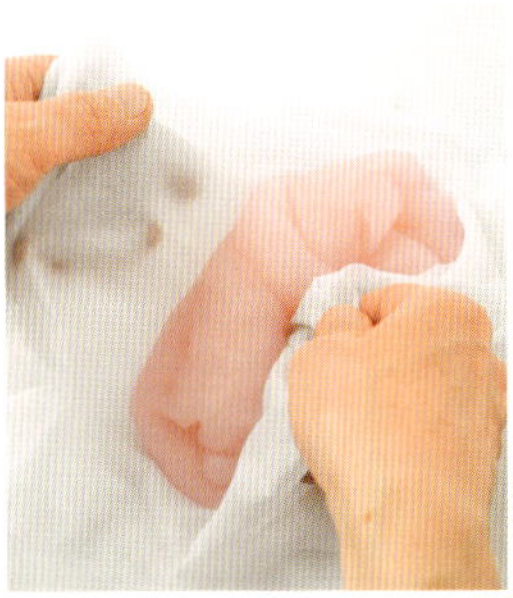

4 蒸し上がった外郎生地を熱いうちに布巾ごと軽く揉み、布巾を何度か替えながら、更に生地が滑らかになるまで揉み込む。

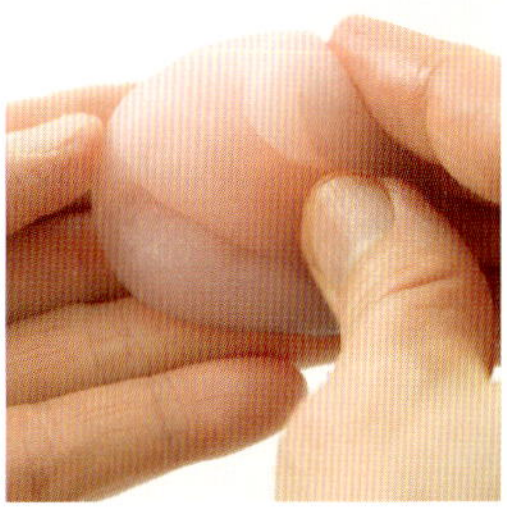

5 手水シロップをつけながら生地を10等分する。手水で扱いながら、空気が入らないよう生地を滑らかに整える。
ポイント▶生地が温かいうちに作業する。

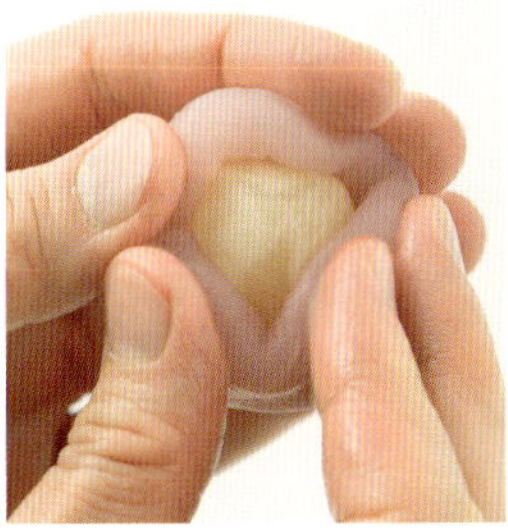

6 白餡を包む。
ポイント▶手水をつけすぎると口が閉じなくなるので注意する。

7 片栗粉をまぶす。卵型に整えたら、細い方に親指の付け根をあて、軽く押さえて手前を低く、向こうを高くして形を整える。

8 三角ベラでヘラ目と窪みをつける。手前⅓から奥に向かってヘラ目を入れる。

9 次に向きを変えて、線の上に三角ベラを当てて中央から右斜め下へヘラ目を入れる。ヘラ目の交わったところに指で窪みをつける。

10 刷毛で粉を払ったら、黄色のそぼろを窪みに飾る。

（保存法と日持ち）
常温で保存。作ったその日のうちに食べ切る。冷凍保存は不向き。

唐衣

からころも——五月

「唐衣　着つつ馴れにし　妻しあれば
はるばる来ぬる　旅をしぞ思ふ」
在原業平が詠んだ「かきつばた」の歌から銘をつけた菓子です。
形も優美なかきつばたの花を写しています。

（材料）12個分

A
- 上用粉……70g
- 餅粉……35g
- 薄力粉……35g
- 上白糖……125g

葛粉……10g
水……170g
食紅（紫）……適宜
こし餡……180g（ひとつ15g）
片栗粉（手粉）……適宜
手水シロップ（作り方p.27 **1**）……適宜

（準備）

基本の **1**～**2** に倣い、⅓を紫に染め、残り⅔は白いままの生地を用意する。こし餡を12等分して餡玉を作る。

1　枠を濡れ布巾で仕切って紫と白い生地を同時に蒸す。蒸しあがったら、基本の **4** に倣い、それぞれよく揉み込む。

2　白を２等分し、紫と長さを揃え３本の棒状にする。白で紫を挟み、手水シロップをつけた指で表裏ともグラデーションになじませる。

3　生地に片栗粉をまぶし、麺棒で16×48cm以上にのばす（長くのばすのが難しい場合は16×24cmを２枚作る）。８cm四方の正方形（12枚）に切る。

4　刷毛で片栗粉を払い、紫の部分が上になるよう生地にこし餡を置き、二つに折る。

5　左右から指で押して花の形を作る。

桔梗餅

ききょうもち——九月

秋の七草の一つ、桔梗の花の形をそのまま菓子に写しました。三角ベラで五弁に形をとり、指で花びらの丸みを帯びた形を作ります。

1 片栗粉をまぶした生地を五角形に成形する。

2 角と角の真ん中から中央に向かい、三角ベラで計5本のヘラ目をつける。

3 角をつまんで花弁状に整える。

4 中央を押さえながら(こなしをのせる窪みになる)、ヘラ目を指の側面で軽く押さえ、花弁を持ち上げるようにして丸みを持たせる。

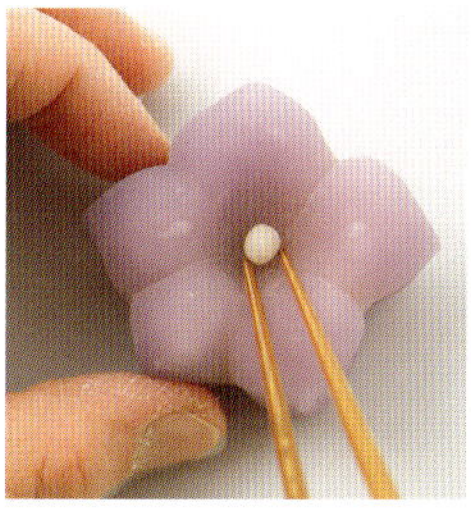

5 刷毛で片栗粉を払い、丸めたこなし生地を飾る。

（材料）10個分

A
- 上用粉……65g
- 餅粉……20g
- 片栗粉……12g
- 上白糖……120g

葛粉……6g
水……135g
食紅(紫)……適宜
白餡……200g(ひとつ20g)
白いこなし生地(飾り用。作り方p.33)……少々
片栗粉(手粉)……適宜
手水シロップ(作り方p.27 1)……適宜

（準備）

白餡を10等分して餡玉を作る。基本の1〜6に倣い、紫色の生地で白餡を包み、片栗粉をまぶす。

公孫樹

いちょう——十月

黄色と緑に染めた外郎生地を丸く型で抜いてたたむことで、色づき始めた銀杏の葉を表現します。たたむ方向によって、色の出方を変えることができます。

（材料）12個分

A
- 上用粉……70g
- 餅粉……35g
- 薄力粉……35g
- 上白糖……125g

葛粉……10g
水……170g
食紅（黄、緑）……適宜
白餡……180g（ひとつ15g）
片栗粉（手粉）……適宜
手水シロップ
（作り方p.27 **1**）……適宜

（準備）

基本の**1**、**2**に倣い、半量ずつ黄と緑に染め、唐衣（p.64）の**1**、**2**に倣い、生地にグラデーションを作る。白餡を12等分して餡玉を作る。

1 生地に片栗粉をまぶし、麺棒で16×48cm以上にのばす（長くのばすのが難しい場合は16×24cmを2枚作る）。直径8cmのセルクルで抜く。

2 刷毛で片栗粉を払い、中心からやや右よりに白餡を置く。

3 下から上、左から右の順で四つに折りたたむ。

4 好みで表に出す色を変える。

けしの実餅

けしのみもち——十月

手粉の代わりに炒ったけしの実をまぶしつけ、まん丸に仕上げます。香ばしく、歯触りも楽しいので、和菓子教室でも人気のある菓子の一つです。

（材料）10個分

A
- 上用粉……65g
- 餅粉……20g
- 片栗粉……12g
- 上白糖……120g

葛粉……6g
水……135g
こし餡……200g（ひとつ20g）
けしの実……適宜
手水シロップ（作り方p.27 1）……適宜

（準備）

基本の1〜4に倣い、白い生地を作る。
こし餡を10等分して餡玉を作る。

1 手水シロップをつけて生地を10等分し、こし餡を包む。手をきれいにして、けしの実をまぶす。

2 球状に形を整える。

「練り切り《ねりきり》」の主菓子

火取って水分を飛ばした餡に、求肥を加えて練りこんだ生地です。
でき上がりが粘土のようにしっかりとして形作りやすく
また色も自由に染めることができるので
古典的な意匠から新感覚のデザインまで、自由に作ることができます。

練り切りの　基本

青梅《あおうめ》——六月

初夏の訪れを告げる青梅の
ぽってりとした形を
緑に染めた練り切りで表現しました。
そのシンプルな形は、三角ベラと箸、
指先から生まれます。

（材料）12個分
白餡（A）……400g
水……大さじ2～3
求肥……40g（作り方下記参照）
食紅（緑）……適宜
白餡（B）……240g（ひとつ20g）

（準備）
求肥を1～2cm角に切り分ける。白餡（B）を12等分して餡玉を作る。

（求肥の作り方）
上がり目方200g前後
ボウルに白玉粉50gを入れ、水100gを少量ずつ加えてよく溶かし、漉しながら鍋に移す。鍋を弱火にかけ、常に鍋底から混ぜながら練る。上白糖100gを3～4回に分けて加え、その都度餅状に練る。練り上がったら片栗粉を広げたバットに流し、表面にも片栗粉を振る。少し冷めてから切り分ける。

1 鍋に白餡(A)と大さじ2～3の水を入れて弱火にかけ、焦がさないようにヘラで練り、鍋肌に餡を貼り付け、水分を飛ばす。

2 はがす→混ぜる→貼り付ける、の作業を繰り返す。白っぽくなり、指で触って餡がつかなくなるまで水分を飛ばす(＝火取る)。

3 切り分けた求肥を2～3回に分けて加え、その都度、求肥が見えなくなるまでよく練り合わす。
ポイント▶餡の水分が十分に飛んでいない状態で求肥を加えると形にならず、飛ばしすぎた状態で加えるとパサパサになる。

4 乾いた厚手の布巾の上に漉し器を置き、熱いうちに生地を裏漉しする。
ポイント▶固まりやコゲを取り除くため。

5 布巾の上で揉み込むように練り、生地を滑らかにする。

6 小さくちぎりながら布巾に広げ、熱気を抜く。表面が乾いたらまとめて、再び揉み混ぜる。これを2～3回繰り返す。

7 生地の中央に緑の食紅を落とす。ざっと手で混ぜたら布巾で均一に揉み混ぜ、12等分する(ひとつ25gくらい)。

8 濡れ布巾で手を拭きながら、生地で白餡を包み丸める。
ポイント▶空気を入れないように注意する。

9 頂を両の親指で軽く押し上げるようにつまみ出し、梅の実のとがった部分を作る。
ポイント▶餡を包んだ後の生地が乾燥しないよう、乾いた布巾をかけながら作業する。

10 **9**で作った先端から左斜め下に向かい、三角ベラでゆるやかな曲線を描くように筋を入れる。

11 筋から少し外した位置に、箸の先で窪みをつくる。

(保存法と日持ち)

常温で保存。作ったその日のうちに食べ切る。ラップを敷いた密閉容器に入れ、冷凍保存も可能。

寒椿
かんつばき——一月

紅白の斑《まだら》の椿を「ぼかし」の手法で愛らしく仕上げます。強く押したところは紅く、弱く押したところは白くなります。

(材料) 12個分

白餡……400g
求肥……40g(作り方p.68)
食紅(紅)……適宜
黄身餡……240g(ひとつ20g)
黄色のごく細かいそぼろ
(飾り用。作り方p.43)……少々

(準備)

基本の **1** ～ **7** に倣い、⅓を紅、⅔は白い生地を作り、それぞれ12等分する。黄身餡を12等分して餡玉を作る。

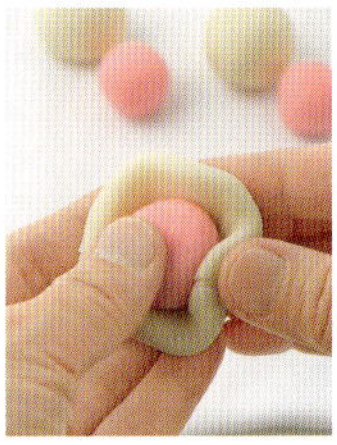

1 白い生地で、丸めた紅の生地を包む。

2 **1** の生地を指で押し広げる。

3 黄身餡を包む。

4 きつく絞った濡れ布巾で包み、茶巾に絞る。布巾を当てながら指で中央に窪みを作る。

5 窪みに黄色のそぼろを飾る。

香梅
こうばい——二月

ふっくらと丸く整えた生地に、三角ベラで五弁のヘラ目をつけ香る梅の花を写しました。形作りが楽しい菓子です。

(材料) 12個分

白餡……400g
求肥……40g(作り方p.68)
食紅(紅)……適宜
黄身餡……240g(ひとつ20g)
白のごく細かいそぼろ
(飾り用。作り方p.43)……少々

(準備)

基本の **1** ～ **7** に倣って紅色の生地を作る。黄身餡を12等分して餡玉を作る。

1 紅色の生地で黄身餡を包む。平たく丸め、柔らかい五角形に形を整える。

2 外から中心に向けて深いヘラ目を入れ、五弁の花びらの形を作る。

3 中央を指で押して窪みをつける。

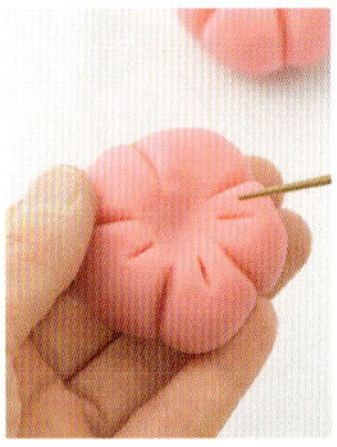

4 ヘラ目の間に箸の先で短い筋目を入れる。

5 中心に白いそぼろを飾る。

錦秋《きんしゅう》

——十一月

鮮やかに彩られる秋の山のうつろいを
色彩のみで伝える茶の湯菓子らしいお菓子です。
茶巾絞りは三色が交わるところが
頂になるように絞ります。

（材料）12個分
白餡(A)……400g
求肥……40g(作り方p.68)
食紅(紅、黄、緑)……適宜
白餡(B)……240g(ひとつ20g)

（準備）
基本の**1**～**7**に倣い、白餡(A)で生地を作る。生地は３等分し、それぞれ紅、黄、緑に染める。白餡(B)を12等分して餡玉を作る。

1　３色の生地を棒状(約30cm長)にする。下に２色、上に１色をのせて2.5cm幅に切る。

2　生地を指で丸く押し広げる。色の境目をなじませる。

3　３色の中心に白餡を置き、包む。
ポイント▶このとき、色並びが同じになるよう、生地の裏表に注意する。

4　きつく絞った濡れ布巾で茶巾に絞る。

5　３色の交わるところが絞り口になるようにする。

6　しっかりと絞って形を整える。

「葛焼き《くずやき》」の主菓子

葛と餡を合わせて練り、さらに表面を焼いて仕上げる京都特有のお菓子です。
冷やして食べるものと思っていましたが、京都で招かれた茶事の席で
焼きたての温かい葛焼きが出されて驚いたのを思い出します。
風味、口当たりの良い本葛粉をお使いください。

葛焼きの 基本

葛焼き

くずやき——六月

ほのかな焼き色が素朴な風情を漂わせるシンプルなお菓子です。
冷たくしていただくときは、直前に30分ほど冷蔵庫で冷やします。
焼きたてをいただくのもまた一興です。

(材料) 12個分
(16×13.5cmの流し缶1台分)
本葛粉……80g
上白糖……80g
水……350g
塩……小さじ1/3
こし餡……150g
上新粉……適宜

1 ボウルに本葛粉、塩、上白糖を入れ、分量の水でよく溶かす。こし餡を小さくちぎりながら加え、丁寧に溶き混ぜる。

2 1を漉しながら鍋に移す。

3 強火にかけて混ぜる。沸いたら弱火にし、透明感のある糊状になり弾力が出るまで、常に鍋底をかき混ぜながら練る。

4 水にくぐらせた流し缶に移し、四隅まで生地を詰めて平らにならす。強火で10分蒸し、常温で冷ます。
ポイント▶冷蔵庫に入れると葛の風味が損われ、弾力がなくなるので、そのまま冷ます。

5 表面に上新粉を振りかけ、流し缶の四辺に包丁で切り目を入れ、流し缶から切り取る。

6 枠の左右を広げて取り出し、上からも上新粉をまぶす。

7 押し切るようにして、定規を当てながら12個に切り分ける。
ポイント▶流し缶からはみ出した部分は切り取る。

8 切り口にも上新粉をまんべんなくまぶす。

9 テフロン加工のフライパンを熱し、焦がし過ぎないように注意しながら粉気を飛ばすように六面とも焼く。
ポイント▶熱い場合は清潔な軍手などで扱う。

10 巻き簀の上に乾いた晒し布巾やクッキングペーパーを敷き、その上に葛焼きを置いて粗熱をとる。

ポイント▶練り上げた葛は冷蔵庫に長時間入れると糊を固めたように硬くなり、葛特有の風味や弾力が著しく損なわれるので、常温で保存する。

（保存法と日持ち）
常温で保存。作ったその日のうちに食べ切る。冷蔵、冷凍保存はできない。

ゆく春

ゆくはる——四月

餡は加えず、淡紅色に染め、桜の花と葉の塩漬けを刻んで混ぜることで、花吹雪をイメージしました。

(材料) 12個分
(16×13.5cmの流し缶1台分)
本葛粉……100g
上白糖……200g
水……400g
熱湯……150g
食紅(紅)……適宜
桜の塩漬け(花と葉)……少々
上新粉……適宜

(準備)
桜の塩漬けを塩抜きし、細かく刻む。

1 小鍋に熱湯を沸かして食紅でピンクに染め、桜の花と葉を加える。

2 ボウルに本葛粉、上白糖を入れ、水でよく溶いてから鍋に漉し移す。基本の**3**に倣い半透明の糊状に練る。

3 半透明に練り上げた葛生地に、**1**を半量加え、丁寧によく混ぜ合わせて練る。

4 さらに残りの半量を加え、透明感が出るまで練り上げる。

5 基本の**4**～**10**に倣って葛焼きを作る。桜の焼き印を押して仕上げる。

ポイント▶焼き印はしっかり焼いてから一度濡れ布巾にとり、軽く押す。

五月雨

さみだれ——五月

水色に染め、黒胡麻を散らしてシトシトと降る雨を表現しました。餡は加えず、葛の風味が生きたあっさり味に仕上げます。

(材料) 12個分
(16×13.5cmの流し缶1台分)
本葛粉……100g
上白糖……200g
水……400g
熱湯……150g
食紅(青)……適宜
黒胡麻……少々
上新粉……適宜

1 小鍋に熱湯を用意し、食紅で水色に染める。

2 ボウルに本葛粉、上白糖を入れ、水でよく溶いてから鍋に漉し移す。基本の**3**に倣い半透明の糊状に練る。

3 **1**を2回に分けて加え、その都度透明感が出るまで練り上げる。

4 黒胡麻を加えてかき混ぜ、基本の**4**～**10**に倣って葛焼きを作る。

嵯峨野

さがの——九月

すすきの焼き印を施し、金色に輝く秋の野を描きました。餡を入れると葛生地がしっかりとして扱いやすくなります。

（材料）12個分
(16×13.5cmの流し缶1台分)
本葛粉……80g
上白糖……80g
水……350g
白餡……150g
食紅(黄)……適宜
上新粉……適宜

1 ボウルに本葛粉、上白糖を入れ、水でよく溶いてから白餡を加え、丁寧に溶き混ぜる。

2 1を黄色に染め、鍋に漉し移す。

3 基本の**3**に倣い、葛が沈殿しないようよく混ぜながら透明感のある糊状に練り上げる。

4 基本の**4**～**10**に倣って葛焼きを作る。焼き印を押して仕上げる。
ポイント▶焼き印はしっかり焼いてから一度濡れ布巾にとり、軽く押す。

冬籠り

ふゆごもり——十二月

固めにゆでた百合根をしのばせ、雪を思わせる純白に仕上げました。真白く仕上げたいので、表面に焦げ目がつきすぎないよう注意します。

（材料）12個分
(16×13.5cmの流し缶1台分)
本葛粉……80g
上白糖……80g
水……350g
白餡……150g
百合根……½個
上新粉……適宜

（準備）
百合根を1枚ずつはがし、やや固めに塩ゆでする。

1 基本の**1**～**3**に倣い、白餡を入れた葛生地を糊状に練り上げる。

2 1に百合根を半量ずつ2回に分けて加え、崩さないように軽く混ぜる。基本の**4**～**10**に倣い葛焼きを作る。

私と和菓子2

和菓子教室を始めて

閑遊……静かなる時を遊ぶ。自らに遊び心の豊かさを念じ、この名を教室に付けました。

必要に迫られ和菓子を手作りすることを始め、茶事の一環として料理やお菓子を作ることを社中の皆さんにお伝えするようになりました。やがて日々のお稽古に出すお菓子の作り方も尋ねられるようになり、和菓子教室を開くことになったのです。よもやそれが、自身のライフワークになろうとは夢にも考えぬことでしたが、今はそのことに感謝し、誇りに思っています。

「さろん閑遊」という和菓子教室を開いて十五年の歳月が流れます。たくさんの方々に助けていただきながら楽しくこの仕事を続けていますが、教室を持つことの喜びや楽しみを教えて下さったのは、私の料理の師である松島桂子先生です。先生に大きく背中を押していただき、茶道から独立して和菓子教室を持つことができました。また東京での教室開催を促し、会場を提供して下さったのも先生です。教室の発展は、先生とご主人・良介氏の全面的な応援のお蔭です。先生ご夫妻との出会いは何ものにも代え難い私の財産です。

そして、教室を支えてくれているのは家族です。妹は常に裏方の仕事を担ってくれ、「あ・うん」の呼吸でサポートしてくれるのも身内ならではだと自負するところがあります。私と妹との二人三脚、プラス場を和ませる穏やかな母の存在があって「さろん閑遊」は成り

立っています。明るく、楽しく、美味しく！をモットーに、月々のお教室に取り組んでいます。時には迷い、悩み、難しいことにもぶつかりますが、教室は私のエネルギーの源なのです。

京と江戸、菓子の違い

教室はすなわち私が皆様に伝える場所であり、私自身が学ばせていただく大切な場所です。現在、和菓子教室を神戸では毎月、東京では二か月に一度の割合で開いています。お蔭様で関西と関東、つまり江戸時代に二極化された京と江戸の文化の違いを知る良い機会を得ています。江戸時代に入り、砂糖の安定した供給により和菓子の世界は劇的な発達をみます。現在、私達が目にする姿に近い和菓子の登場となるのです。都のあった京都では宮中行事や雅な公家の好みが伝えられ、茶人の求める茶席の菓子に工夫が凝らされ京菓子が発展します。対する江戸には幕府があり、菓子にも武家のしきたりが映し出され、町人文化が開花して庶民が手軽に楽しめる菓子が広がります。また、諸藩の大名も出入りの菓子司を抱えて競って贅を尽くしたお菓子が作られるようになり、それらは全国の名店、銘菓としてその姿を今に残しています。いずれもそれらの特色が人々の好みとして今なお息づいているのは、非常に興味深いところです。京菓子ばかりを見つめて来た私にとって、東京での教室開催は和菓子の歴史や文化を再確認する場ともなりました。

ひと言に和菓子といっても、そこには行事の菓子、社寺仏閣の門前から栄えた菓子、庶民のおやつ、茶席の菓子、デザートとして供される菓子など種々あります。私の出発点は茶席の菓子を作ることでしたが、教室として始めてみるとそればかりでは成り立ちません。

皆様からのご要望にお応えすべく、新たな取り組みと勉強も始まりました。私にとってそれは心地良く楽しい時間となっています。また茶の湯の菓子を求められる方の中には、他流の方も大勢おられます。和菓子談義に花が咲き、皆さんの笑顔に出会えることにやり甲斐を感じています。ご参集下さる方々とのご縁にも感謝の日々です。

また最近では、和と洋の垣根を越えて斬新なお菓子がたくさん生まれています。作るのにも便利な器具や材料が多く取り入れられています。私の教室にもそれらに対するご要望が寄せられています。私の中でどこまでそれを認めるのか……。目下の課題となっています。和菓子作りは決して不変的なものではなく、人々の嗜好や時代の流れによって発展し続けるものだと思います。教室では和菓子として守るべき伝統や文化をしっかりと伝えつつ、安心、安全な素材を用いて新たな菓子作りにも挑戦していきたいと考えています。

「道」の字の持つ意味

和の習い事の多くには「道」という字が充てられています。茶道、華道、書道、武道、剣道……。それは心がついて回ることに他ならないのだと思います。書芸や武術ではなく、「道」の字を使うことは、精神性の高さを物語っているのだと思います。形や技を重んじるだけではなく、心を大切にすることが和の学びなのだと感じています。生意気をいうようですが、昨今の和のブームが単なる流行にとどまらず、現代の日本人が失いかけている思いやりの心や温もりの世界を取り戻す動きであって欲しいと切に願っています。

私自身も常に新たな気持ちで、茶の道と、茶の湯に学んだ和菓子作りを、これからも皆様と共に学び、精進していきたいと思います。

「涼味《りょうみ》」の主菓子

ここで紹介する三種のお菓子は、いずれも地下茎のでんぷんを使ったものです。

純粋なものは弾力、風味、滑らかさに優れています。

高価ではありますが、ぜひ良い材料を使ってチャレンジしてみてください。

涼味の 基本

水ぼたん

みずぼたん——六月

本葛粉を練って紅餡を包み、茶巾絞りに。

特有の香りと口当たりの滑らかさ、透明感を楽しみます。

こし餡を包んで桜の葉で巻いて「葛桜」(四月)、中の餡を紫にして「朝露」(七月)など、さまざまに応用がききます。

（材料） 12個分
本葛粉……70g
上白糖……120g
水……200g
紅餡(白餡を食紅で紅に染めたもの)
……240g(ひとつ20g)
熱湯……100g

（準備）
紅餡を12等分して餡玉を作る。

1 ボウルに本葛粉と上白糖を入れ、分量の水を加えてよく溶かす。漉しながら鍋に移す。

2 **1**を中火にかけて、常に鍋底をかき混ぜながら火を入れる。少しずつ透明なものが混ざってくる。

3 乳白色の糊状になってきたら弱火にし、熱湯の半量を加えて練り合わせる。
ポイント▶二度に分けて熱湯を加えて練るのは、生地にムラができるのを防ぐため。

4 再び糊状になったら残りの熱湯を加える。水分が吸収されたら火を止め、透明感が出るまで余熱で練り上げる。

5 固く絞ったガーゼを広げ、**4**の葛生地を熱いうちに大さじ2杯分くらい置き、指に水をつけながらのばし広げる。

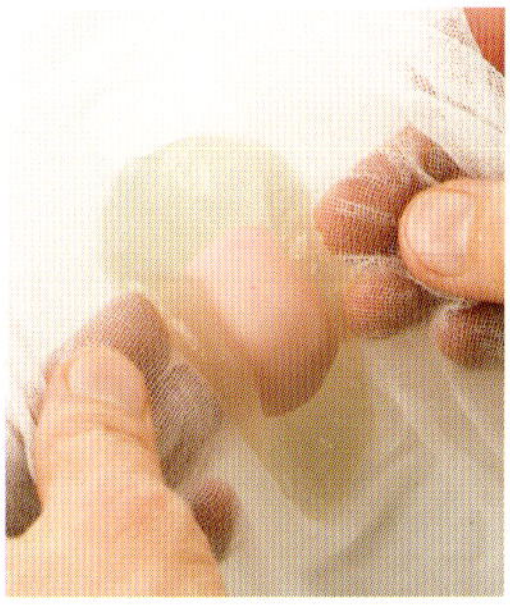

6 餡をのせて、両側から葛を合わせる。

7 90度回して持ち替え、もう一度両側から葛を合わせ、紅餡を包む。
ポイント▶必ず葛生地同士がくっついて、中の紅餡が見えないように包む。

8 ガーゼを絞ってしっかり口を閉じる。同様にして全部で12個作る。

9 **8**を水に落とし、固める。
ポイント▶葛が濁るので、氷水は使わない。

10 完全に冷めて固まったら、ゆっくりガーゼから外す。濡れ布巾を敷いた蒸し器に閉じ口を上にして並べて5分蒸す。

11 バットに菓子をのせ、食べる直前に氷にのせて冷やす。
ポイント▶葛は冷やしすぎると硬くなるため、冷やすのは30分以内にとどめる。

（保存法と日持ち）

常温で保存。作ったその日のうちに食べ切る。冷蔵、冷凍保存はできない。

わらび餅

わらびもち――七月

蕨の茎と根から採取した貴重なでんぷんを用いて作ります。喉ごしの良い弾力のある生地で、滑らかなこし餡を包みます。

（ 準備 ）
こし餡を12等分して餡玉を作る。

（ 材料 ）12個分
本蕨粉……40g
上白糖……90g
水……190g
こし餡……300g（ひとつ25g）
きな粉……適宜

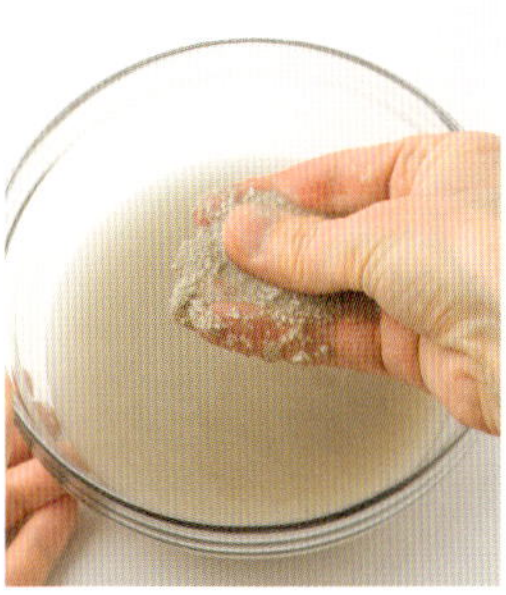

1 ボウルに本蕨粉と上白糖を入れ、分量の水を加える。手で本蕨粉の粒をすりつぶすようにしてよくかき混ぜる。

2 漉しながら鍋に移し、中火にかける。

3 鍋底をかき混ぜ、固まり始めたら弱火にし、弾力が出るまで焦げないよう注意しながら練り上げる。
ポイント▶練れば練るほど弾力が出る。弱火でしっかり練ること。

4 鍋でひとかたまりにまとめて、きな粉を広げたバットに取り出す。

5 上からもきな粉を振りかける。

6 熱いうちにカードで手早く12等分する。

7 きな粉を手粉にして生地を手にとり、餡をのせる。

8 上下を返して、上から引きのばすように生地をかぶせる。

9 再び上下を返し、口をしっかりと閉じる。

10 手にきな粉をつけながら形を整える。

11 仕上げに、上からきな粉を振りかける。いただくときは冷蔵庫で30分くらい冷やす。

（保存法と日持ち）

常温で保存。作ったその日のうちに食べ切る。冷蔵、冷凍保存はできない。

蓮根餅

れんこんもち――七月

京料理のデザート菓子として生まれました。蕨餅と同じように弾力性に富んだ菓子で、和三盆糖のコクのある甘さ、笹の葉の清々しさや香りがご馳走となります。

（材料）10個分
(16×13.5cmの流し缶
1台分)
蓮粉……60g
上白糖……50g
和三盆糖……70g
水……300g
笹の葉(真空パック)……10枚
いぐさ(湯で戻す)……適宜

1 ボウルに蓮粉、上白糖、和三盆糖を入れ、水を加えてよく溶かす。

2 漉しながら鍋に移し、常に鍋底をかき混ぜながら中火でゆっくり練る。

3 糊状になったら弱火にし、全体に黒みが増し、透明感とツヤが出るまで練り込む。

4 水にくぐらせた流し缶に**3**を四隅までヘラでしっかり広げる。表面をできるだけ均一にならす。強火で10分蒸してから、完全に冷ます。
ポイント▶蒸すことによって透明感と弾力が増す。

5 まな板と包丁を濡らしておく。流し缶から四方と底を切り離す。手水を蓮根餅全体につけ、10等分に切る。
ポイント▶仕上げは水で扱う。

6 笹の葉をさっと水洗いし、表(産毛のない面)の半分より根元側に餅を置く。

7 葉の両脇からたたむ。

8 中央を持って葉先を根元側に折る。

9 上部をいぐさで二巻きして長短をつけて片結びにし、適当な長さに切る。冷やしてからいただく。

（保存法と日持ち）

長時間冷蔵庫に入れると濁るので常温で保存。作ったその日のうちに食べ切る。冷蔵、冷凍保存はできない。

其ノ四

半生菓子と干菓子のレシピ

洲浜《すはま》

洲浜団子《すはまだんご》——三月

大豆を浅く煎って皮を取り除き、挽いた洲浜粉を使った半生菓子です。洲浜とは水の流れによって浜辺にできる洲のこと。団子にするほか、麺棒で薄くのばして色と形で季節を表すことができます。色を染めずにうぐいすきな粉で作ることもあります。

（準備）
求肥は１〜２cm角に切り分ける。

（材料）赤・緑・黄各20個分
洲浜粉……100g
上白糖……110g
求肥……50g（作り方p.68）
食紅（紅、緑）……適宜
麦芽糖（または水あめ）……50g
水……40g
洲浜粉（手粉）……適宜

1 ボウルに洲浜粉と上白糖をふるい入れる。

2 両手を合わせるようにして、よくすり混ぜておく。

3 鍋に麦芽糖、水、求肥を入れて強火にかけ、泡立て器で混ぜる。求肥が溶け始めたら火を止める。
ポイント▶水あめより、麦芽糖を使った方が風味がよい。

4 ヘラに持ち替えて、求肥が完全に溶けるまで、余熱でよく混ぜる。
ポイント▶火をつけたままだと、水分が蒸発してしまうので火は止める。

5 **2**のボウルに**4**を熱いまま流し入れる。**4**の中に粉を入れ込みながら、こねるようにして揉み混ぜ、まとめる。
ポイント▶揉み混ぜすぎると水分が出て、粘りが出すぎてしまうので注意。

6 **5**を3等分し、一つはそのまま、一つは紅、一つは緑で色をつける。

7 色をつけるときはボウルに押しつけるようにしてよく混ぜる。

8 よく混ざった状態。

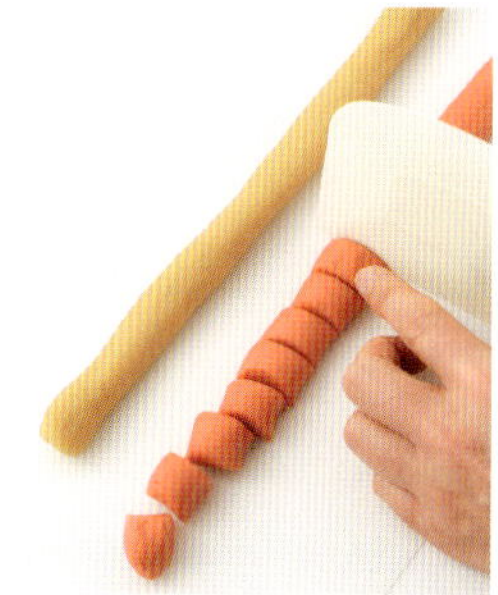

9 3色とも棒状にして、カードで20等分に切る。

10 **9**を丸めてから洲浜粉を入れたボウルに入れ、表面に洲浜粉をまぶす。

（保存法と日持ち）
密閉容器に入れ、常温で7〜10日。冷蔵、冷凍保存はできない。

銀杏 紅葉——十一月　蕨——三月

洲浜は好みの色に染めたり、型抜きしたりすることで、四季を通じて楽しめる。銀杏は緑と黄、紅葉は赤・黄・緑のグラデーションにしている（作り方p.89の雲平参照）。蕨は細長くした生地に切れ目を入れ、先を丸める。

雲平《うんぺい》

吹き寄せ《ふきよせ》——十一月

砂糖と寒梅粉を練って作る干菓子で、飾り菓子などにも用いられます。食紅の色を変えることで自在に染めることができます。
紅葉した葉が落ちて風に吹かれ、ひとところに寄せ集められた様を表した吹き寄せは、晩秋を代表する菓子の意匠です。

（材料）
上白糖……100g
寒梅粉……10g
ぬるま湯（40度くらい）……10g
食紅（紅、黄、緑）……適宜

1 ボウルに上白糖とぬるま湯を入れ、指先で揉むようによく練る。
ポイント▶ぬるま湯を使うと上白糖が溶けやすくなる。

2 寒梅粉を少しずつ加えてよく混ぜ、濡れ布巾をかぶせて20〜30分休ませる。
ポイント▶寒梅粉の粘りが出て、生地がなじむまで休ませる。

3 休ませた生地を揉み直し、滑らかになるまで練る。生地の½量を黄色に、残りを半分にしてそれぞれ赤と緑に染め、さらに揉み込む。

4 黄色の半量と赤い生地を縦長に平たくのばし、境目を指でくっつける。広げたラップの上に置き、上からラップを斜めにずらしてかける。

5 麺棒で生地を縦方向にのばす。

6 上のラップを外し、のばした生地の上半分を、中心をずらすようにして手前に折る。

7 再び上にラップをかけ、麺棒で縦方向にのばす。これをもう一度繰り返し、境目に色のグラデーションをつける。

8 グラデーションがついた状態。

9 好みの色の部分を紅葉の型で抜く。同様に緑と黄に染めた生地で銀杏を作る。

10 バットに割り箸などをわたしてその上にクッキングシートをのせ、菓子が乾いたとき反るように並べて1〜2日乾かす。

(保存法と日持ち)

紙箱に入れ、常温で10日〜2週間(密閉容器に入れると湿気がこもることがある)。冷蔵・冷凍保存はできない。

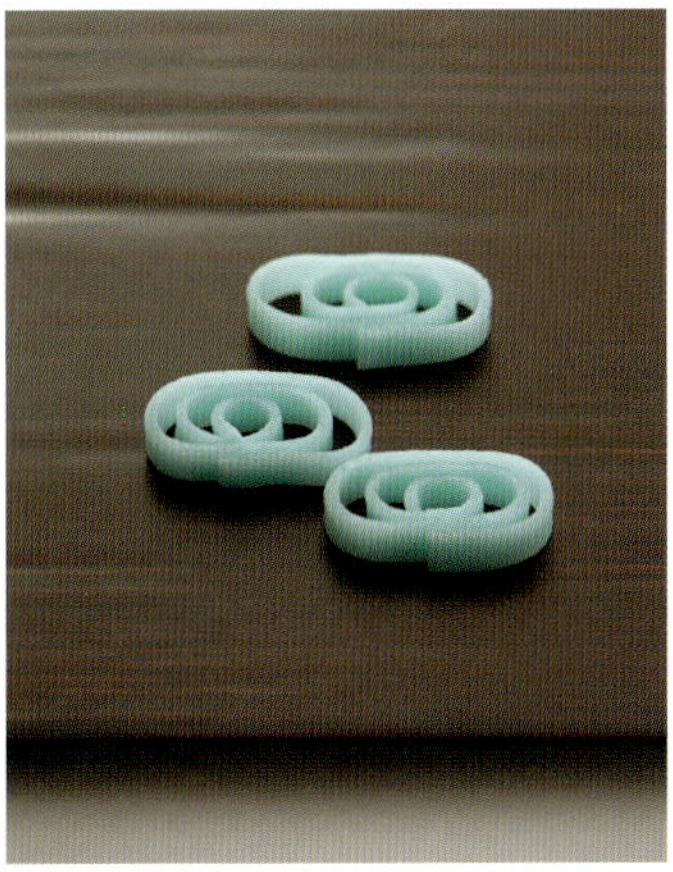

観世水——七月

能楽の観世家に代々伝わる紋で、扇や装束にこの紋が取り入れられている。水色に染めた生地を薄くのばして約1cm幅に細長く切り、箸先を中心にして楕円に巻いて形を整える。水の流れや波を思わせる夏の菓子。

押し物《おしもの》

氷雨《ひさめ》——十二月

上白糖に白餡、もち米から作る上南粉、寒梅粉を加えて作る干菓子です。食紅を加えれば季節に合わせた好みの色に染めることができます。また砂糖に三温糖を使えばほのかな生成り色に仕上げられます。ここでは黒胡麻を冬にそぼ降る雨に見立て、茶趣溢れる干菓子としました。

（準備）
流し缶に型紙を用意する。クッキングシートで流し缶の四隅にきっちりと角を取り、内側に沿うように敷き込む。蓋にする内枠にもぴったり沿うようにクッキングシートを当てる。

（材料）約24切れ分
（16cm×13.5cmの流し缶１台分）
上白糖……100g
白餡……90g
上南粉……70g
寒梅粉……20g
黒胡麻……５g

1 ボウルに上白糖を入れ、白餡を加えて餡の固まりがなくなるまで揉み混ぜる。

2 上南粉を加え、よく混ぜる。

3 寒梅粉を加え、さらに揉み混ぜる。
ポイント▶寒梅粉を加えると固まり始めるので、加える前に充分に混ぜることが大切。

4 **3**をふるいに入れ、手で混ぜるようにして大きめのボウルに漉し出す。

5 **4**に黒胡麻を散らし入れ、ヘラでさっくりと混ぜる。

6 クッキングシートを敷き込んだ流し缶に**5**を入れる。箸で全体を平らにならす。
ポイント▶四隅が下がりやすいので注意する。クッキングシートにしわがあると、仕上がったときに表面に凹凸ができてしまうので、ぴったりと敷き込むこと。

7 蓋になる内枠を**6**の上にのせ、手で全体を静かに押さえる。

8 1kgくらいの重石をのせ、5〜6時間押し固める。

9 クッキングシートごと流し缶から取り出し、シートをはがしてから定規を当てて均等に切り分ける。
ポイント▶盛り付けたときに表になる側を下にして切る。切るときは包丁を前後に動かさず、押し切るようにする。

（保存法と日持ち）
密閉容器に入れ、常温で10日〜2週間。冷蔵・冷凍保存はできない。

春の香——三月

菜の花畑をイメージして緑と黄の2色に染め分け、台形に切って変化をつける。材料を半量に分け、ボウルに上白糖を入れたらすぐに食紅を加える。流し缶には一方の色を入れ、一度内枠で軽く押さえて表面を平らに整えてから次の色を上に重ねる。緑、白、ピンクの3色を重ね、菱形に切れば雛祭りの菓子に。

琥珀糖《こはくとう》

清流《せいりゅう》――八月

寒天を煮詰めて作る干菓子です。季節に合わせてさまざまな色に染められ、また形も自在に変えることができます。薄紫に染めれば「朝露」として七月の、ピンクに染めて桜の花の形に抜けば四月の菓子になります。ここでは青と透明の二色にして、盛夏に涼しさを感じさせる菓子に仕上げました。

（準備）

寒天を小さく切り、たっぷりの水に一晩つけてもどす。

（材料）

糸寒天……５g
水……200g
グラニュー糖……360g
食紅（青）……適宜

1 もどした糸寒天の水気を切り、分量の水とともに鍋に入れて火にかける。泡立て器で混ぜながら完全に煮溶かす。
ポイント▶寒天は熱が加わると自然に溶ける。どろりと溶け出したらよく混ぜる。

2 別の鍋にグラニュー糖を入れ、**1**を熱いまま漉しながら加えて火にかける。

3 グラニュー糖を完全に煮溶かし、沸いたら弱火にして4〜5分煮詰める。爪に当てて糸を引く程度までが目安。

4 半量は色を染めず、**5**〜**9**に倣って透明のものを作る。残りの半量は食紅で青色に染めてよく混ぜる。

5 水にくぐらせた牛乳パックに熱いまま流し入れ、蓋はせずに常温で8時間以上置いて固める。
ポイント▶安定をよくし、しっかりと固めるため、流し入れる量は牛乳パックの半分以下にする。

6 牛乳パックを切り開き、中味を取り出す。

7 表面の部分は取り除き、1〜1.5cm角の拍子木に切る。

8 さらに乱切りにする。

9 網の上にクッキングシートを敷き、**8**を並べて日の当たらない場所で4〜5日乾かす。

（保存法と日持ち）

完成後、紙箱に入れて常温で7〜10日。冷蔵・冷凍保存はできない。

桜——四月　**青楓**——五月　**瓢**——八月

色と形を変えることで、さまざまな意匠の菓子を作ることができる。青楓と瓢は緑に染めてそれぞれの型で、桜はピンク色に染め、花の型と、花びら一枚の型で抜く。

和菓子の主な材料

和菓子作りには、普段見かけることの少ない材料が多く使われます。ここでは、本書で使用している主な材料を紹介します。

うるち米を原料とする粉

上用粉、上新粉、かるかん粉があり、製法は同じで上用粉の粒子がもっとも細かく、かるかん粉は粗い。いずれも生の粉(非加熱)で、虫がつくことがあるので、早めに使いきるようにする。

もち米を原料とする粉

非加熱の生の粉、加熱した粉があり、粒子の細かさなどによりさまざまな粉がある。でんぷん質が多く含まれるため、加熱すると強い粘りが出るのが特徴。

上用粉《じょうようこ》

うるち米を洗って乾かし、製粉したもの。粘りは少ないが粒子が細かいので、きめが細かく滑らかに仕上がる。外郎や薯蕷饅頭などに使う。薯蕷粉とも呼ばれる。

餅粉《もちこ》

もち米を水洗いして乾燥させ、挽いたもの。求肥粉とも呼ばれる。できた生地は滑らかで粘りが強い。これより粒子の細かいものを羽二重粉という。

白玉粉《しらたまこ》

もち米を水洗いして水につけ、水を加えながら挽き、その後水に晒して脱水、乾燥させたもの。餅粉よりも風味は少し落ちるが、弾力が強く、艶よく仕上がる。

頭道明寺粉《かしらどうみょうじこ》

もち米を水洗いして水につけ、蒸して乾燥させてから粉砕したもの。粒子の大きさは数種類あり、もっとも細かく割ったものが頭道明寺粉。糒《ほしいい》とも呼ばれ、長期保存が可能。

寒梅粉《かんばいこ》

もち米を水洗いして水につけ、蒸してから搗《つ》いて餅にし、それを色付かないように焼いて粉末にしたもの。みじん粉、落雁粉とも呼ばれ、雲平や押し物などに使われる。

上南粉《じょうなんこ》

もち米を水洗いして水につけ、蒸して乾燥させてから粉砕し、色付かないように煎り上げたもの。極みじん粉とも呼ばれ、押し物などの干菓子に使われる。

氷餅《こおりもち》

切り餅を凍らせてから乾燥させたもの。主材料として使うことは少なく、好みの大きさに崩してまぶし粉やトッピングとして使われる。

地下茎を原料とする粉

葛や蕨、蓮根など、地下茎からとれるでんぷんを粉にしたもの。つるっとした口当たりと弾力、香りを楽しむには、高価ではあるが純度の高い材料を使いたい。

本葛粉《ほんくずこ》

葛の根を砕いて水洗いと沈殿を繰り返し、水を抜いて乾燥させた良質のでんぷん。奈良県吉野産が有名。水溶きにして火を通すと透明感が出るため、夏の菓子に多用される。

本蕨粉《ほんわらびこ》

蕨の根を砕いて水洗いと沈殿を繰り返し、採取したでんぷんを精製したもの。葛粉よりも粘性が強い。蕨だけで作る希少な本蕨粉と、葛粉やタピオカでんぷんを混ぜた並蕨粉がある。

蓮粉《はすこ》

すりおろした蓮根を水に晒し、採取したでんぷんを精製したもの。弾力は蕨粉に近い。健康食品や料理の材料として扱われていたが、近年は和菓子の材料としても使われている。

砂糖・甘味料
1
2
3
4
5

豆類
3
1
4
2

芋類
2
1

寒天

葉類
3
1
2

砂糖・甘味料

①上白糖《じょうはくとう》
一般的に白砂糖と呼ばれ、本書では主にこれを使っている。純白で粒子が細かく、水に溶けやすい。しっとりとしていて、甘みが強い。必ずふるってから使う。

②グラニュー糖《グラニューとう》
上白糖よりも結晶が大きく、さらさらとした粒子状の、純度の高い砂糖。アクが少なく、あっさりとした甘みで、各種の餡作り、羊羹や錦玉羹などに使う。

③三温糖《さんおんとう》
上白糖よりも純度は低く、よりしっとりとしている。特有の風味と強い甘みを持つ、薄茶色をした砂糖。

④水あめ《みずあめ》
穀類や芋類のでんぷんから作る透明の甘味料。結晶化しないため、砂糖とともに使って砂糖が再結晶するのを防ぐ。麦芽の酵素を用いた酵素糖化飴(麦芽糖)は飴色で風味もよい。

⑤和三盆糖《わさんぼんとう》
香川県、徳島県で栽培されたさとうきびから作る砂糖。結晶が微細かつ滑らかで、独特の風味と口溶けのよさが特徴。打ち物には欠かせない砂糖で、上白糖と混ぜて使うことも多い。

豆類

①小豆《あずき》
赤褐色の小粒の豆。大納言小豆に比べて皮がやや厚いため、主にこし餡に使われる。産地によって風味が異なる。ふっくらとした丸みがあり、よく乾燥している豆を選ぶ。

②大納言小豆《だいなごんあずき》
一般的な小豆より粒が大きく、皮がやや薄く風味も穏やかなので、粒餡に使われることが多い。北海道、丹波、京都などが代表的産地として知られる。

③白いんげん豆《しろいんげんまめ》
いんげん豆の一種で、大福豆とも呼ばれる。色が白く大粒で、空豆のような形をしている。白餡に使われる。

④手芒豆《てぼまめ》
一般的な小豆の約二倍の粒の大きさがある白い豆。白いんげん豆とともに、主に白餡に使われる。

芋類

①山の芋《やまのいも》
つくね芋とも呼ばれる。丸い形状で肉質がよく、粘りが強い。薯蕷饅頭には欠かせない。蒸して裏漉しして作った山の芋餡は、白餡と混ぜてきんとんや練り切りに使われる。

②大和芋《やまといも》
山の芋に比べて粘りが弱く、水分が多い。細い棒状のものと、いちょう芋と呼ばれる扇の形をしたものがある。

寒天

糸寒天《いとかんてん》
天草を煮溶かして濾し、型に流して固めてから細長く突き出して凍らせ、さらに乾燥させたもの。使うときには小さく切って一晩水につけ、充分に戻してから使う。凍結から乾燥までを自然におこなったものを天然寒天といい、糸寒天のほかに棒寒天もある。糸寒天は棒寒天よりも溶けにくいが、腰が強く弾力があり、凝固力も強く、和菓子作りに適している。水だけで固めると白濁するが、砂糖を加えて糖度が上がると透明感が出るという特徴がある。

葉類

①笹の葉《ささのは》
生葉、乾燥葉、塩漬けのものがある。本書では生のまま軽く塩漬けし、真空パックされた葉を使う。清々しい香りと鮮やかな緑が涼感を呼ぶ。笹には防腐作用があるとされる。

②いぐさ
畳表の材料となる。乾燥させた茎の部分を湯で戻してから使う。粽を巻くとき、笹の葉で包んだものを結わえるときなどに使う。

③桜の葉《さくらのは》
生葉と塩漬けのものがある。一般的には茶色、または緑色をした塩漬けの葉が使われる。塩漬けすることにより、色は悪くなるが香りは強くなる。水洗いして塩抜きしてから使う。

和菓子作りの道具

和菓子を作るためには一般家庭にはない道具が必要になります。この本で使われた主な道具を紹介します。

漉し器（籐）

きんとんのそぼろ作りには欠かせない。曲輪の片面に籐を十字に編んで張ってある。籐製や竹製のものは水で湿らせてから使う。そぼろを作るときは網目を斜め45度にして使う。

漉し器（馬毛）

餡用の小豆を漉すのに使う、馬毛を張った目の細かい漉し器。網が切れるのを防ぐため、水で湿らせてから使う。

ぼうず鍋

餡作り、また求肥や地下茎の粉を練るときにかき混ぜやすい、底が丸くなっている鍋。アルミ製もあるが、銅製のものが熱伝導に優れている。ない場合は雪平鍋で代用する。

漉し器（ステンレス）

芋の裏漉しのほか、きんとんのそぼろを作るときに使う。網の部分は交換することができ、目の細かさを変えることができる。

流し缶

錦玉羹を流し固めたり、干菓子を固めたりするときに使う。流した生地を固めるときは水平に置くこと。この本で使ったのは16×13・5㎝。

箸

右が日本料理の盛り付けに使うまな箸、左が竹製のきんとん箸。きんとんのそぼろをつけるときは、箸跡が菓子の表面に出ないよう先の細い箸を使う。

陶製流し型

錦玉羹などを一つずつ固めるのに使う。陶器製のほか、プラスチック製もある。さまざまな形があり、型の底にある文様が菓子の表面に出ることで、変化が楽しめる。

三角ベラ

三角の木製の棒で、鋭い角、緩やかな角、二重になった角がつけられている。外郎や練り切りなどの菓子に、花びらの刻みや文様などをつけるのに使う。先に花芯のついているものと、ないものがある。

抜き型

洲浜などの半生菓子、また錦玉羹や羊羹などを好みの形に抜くときに使う。形は、桜、紅葉、銀杏などがあり、大小さまざまなサイズがある。

焼き印

饅頭などに文様をつけるための鉄製の道具。直火でしっかり焼き、一度濡れ布巾に当ててから菓子に押し当てる。梅、桜、紅葉など、季節に応じたさまざまな形がある。

和菓子作りQ&A

初めて和菓子を作るのにどんな準備が必要？　材料はどこで買える？
トライしてはみたものの、あまり上手にできなかった……など、
教室の生徒さんから出た質問を中心に、レシピ中で紹介しきれなかった
和菓子作りの疑問に清さんが答えます。

道具編

Q　初めて家で和菓子作りをしようと思います。道具を買い揃えたほうがいいですか。

A　作るお菓子によって変わりますが、鍋や杓子、ボウルやバットなどは家庭にあるもので十分間に合います。ぼうず鍋がない場合は隅の焦げ付きさえ注意すれば雪平鍋で大丈夫です。特殊な道具もありますが、きんとんのそぼろを作る漉し器はざるで、箸は菜箸の先を削って、また三角ベラはバターナイフの背側を使うか、ＤＩＹショップで三角柱の木工材料を買うなど、工夫次第で代用することができます。

Q　和菓子作りの道具は特殊なものが多いようです。どこで買い求めたらいいですか。

A　東京なら合羽橋、大阪なら道具屋筋などにある専門店ならだいたい揃います。近所にそうした店がない場合は、インターネットの通販で買い求めることもできます。

Q　シリコンベラを持っていません。ゴムベラでもいいですか。

A　熱した鍋の中で餡や生地を練るのに使う道具ですから、耐熱性のないゴムベラは使えません。耐熱性のあるシリコンベラを使いましょう。

Q　外郎を蒸すとき、セルクルを枠に使わなければなりませんか。

A　必ずしもセルクルでなくても大丈夫です。浅いざるを使うか、アルミホイルを細く折って帯状にし、輪を作るかで代用できます。生地が流れないこと、蒸気が直接生地に当たること、流した生地の厚みが約一センチになること、この三点がクリアできれば、別の道具でも大丈夫です。

Q　布巾を頻繁に使いますが、どんなものを用意すればいいですか。

A　もっとも使うのは晒しです。ただし、練り切りの生地を揉み込むときに使う布巾は特殊なもので、蒸気が抜ける厚手の布巾です。ない場合は晒しを四～五枚重ねて使います。

Q　薯蕷饅頭を作るとき、山の芋をするのに、すり鉢ではなくフードプロセッサーを使ってもいいですか。

A　よくありません。必ずすり鉢を使ってください。フードプロセッサーは刃の回転が速く、当たりがきつ過ぎるため、芋の繊維が切れてしまいます。

材料・作り方編

Q　初めて和菓子作りに挑戦します。失敗が少ないのは何でしょうか。

A この本の中では、頭道明寺粉を使う道明寺です。一般的には、こなし、きんとんなど、餡を主体とするものが作りやすく、求肥や外郎など餅生地のものは火の通し加減や練り加減を手と目で感じながら仕上げなければならないため難しいと思います。

Q **餡を作るのが大変そうです。買ってきたものを使ってもいいでしょうか。**

A いいと思います。近所にある製餡店や和菓子店で分けてもらうといいでしょう。私の教室でも製餡店に餡を炊いてもらっています。またデパートや大きなスーパー、製菓材料の専門店などに、常温保存できる真空パックされた餡もあります。

Q **和菓子の材料はどこで買えばいいでしょうか。**

A 一般的な粉ならスーパーの製菓材料、または粉のコーナーで手に入ると思います。特殊な粉は専門店か、インターネット通販で買い求めるといいでしょう。

Q **糸寒天の代わりに棒寒天や粉寒天を使ってもいいですか。**

A もっともコシが強い糸寒天をできる限り使ってください。棒寒天は使えますが、粉寒天は使えません。

Q **山の芋が余りました。どうすればいいでしょうか。**

A 買ったときにすべて加工し、冷凍保存します。保存法は二つあります。一つは、すべて蒸して裏漉し、総重量の三〇パーセントの上白糖を加えて練って山の芋餡を作り、小分けにして冷凍保存。もう一つは、すりおろして倍量の上白糖をすり混ぜて薯蕷饅頭用の生地を作り、小分けにして冷凍保存します。使うときにはともに自然解凍し、後者の場合は解凍後、再度すり鉢ですって空気を含ませます。

Q **少量の飾り生地を作るのが大変です。どうすればいいですか。**

A まとめて作って、小分けして冷凍しておくと便利です。必ず自然解凍して使います。

Q **砂糖の量を減らすことはできますか。**

A 砂糖は甘さだけではなく、水分量でもあります。仕上がりが変わることもありますので、できればレシピの分量通りに入れてください。

和菓子のいただき方

きんとん

茶席では器に出された菓子は懐紙にとっていただきます。菓子を切ったり、口に運んだりするときには黒文字（黒文字という木を削って作った楊枝）を使います。

たいていの主菓子はこれと同じ手順でいただきます。茶席の菓子は二、三口で食べられるように配慮した大きさに作られています。

1 黒文字をとり、きんとんを3分の1ほどの大きさ（一口に入る大きさ）に、手なりに斜めに切る。

2 下までしっかりと切り、左側の小さい方をいただく。切り分けは左右どちらからでも構わない。

3 残りの大きい方を半分に切る。

4 黒文字で刺していただく。抹茶は通常、菓子を食べ切ってからいただく。

饅頭

黒文字では切りにくい薯蕷饅頭は、
手で割っていただきます。
饅頭が懐紙にくっつきやすいので注意します。

1 懐紙から饅頭をとり、半分に割る。一つを懐紙に置き、もう一つをさらに半分に割っていただく。

2 残りの半分を二つに割っていただく。

花見団子

串に刺さった団子は、
そのまま口に運ぶのではなく、
串を抜いてから一つずついただきます。

1 串を右手で持ち、懐紙の角を折って一番下の団子に当てて押さえ、串を抜く。

2 抜いた串で団子を刺し、一つずついただく。転がり落とさないよう注意する。

清 真知子（きよし まちこ）
一九六〇年神戸市に生まれる。八三年裏千家学園茶道専門学校卒業。九六年神戸市内に、二〇〇二年に東京・学芸大学にも和菓子教室を開く。現在、茶道裏千家教授、茶道と和菓子の教室「さろん閑遊」を主宰。デモンストレーションと実技で構成される和菓子教室は、季節感溢れる美しい和菓子が初心者でも上手に作れると好評を博している。二〇一四年兵庫県明石市に教室を移転（現在は閉講）。

アシスタント＝清 久仁子　清 富美子
井上美和子　林 奈美子　山本沙貴子
協力＝岩阪幸代　甲嶋じゅん子　高橋楽斎

アートディレクション＝鷲巣 隆
デザイン＝鷲巣デザイン事務所
（桑水流理恵・木高あすよ）
撮影＝浮田輝雄
校正＝天川佳代子
編集＝松本詩郎（世界文化社）

やさしく作れる
本格和菓子

発行日　二〇一三年四月二十五日　初版第一刷発行
二〇二三年三月二十五日　第五刷発行

著者　清 真知子
発行者　竹間 勉
発行　株式会社世界文化ブックス
発行・発売　株式会社世界文化社
〒一〇二-八一九五
東京都千代田区九段北四-二-二九
電話 〇三(三二六二)五一一八(編集部)
〇三(三二六二)五一一五(販売部)
DTP　株式会社アド・クレール
印刷・製本　共同印刷株式会社

ISBN978-4-418-13307-9